汽车智能改装技术

主　编　陶　忠　李妙然

副主编　陈　正　乔亚军　郑　威

参　编　陈艳秋　季　霞　李阳春

　　　　平雅涵　尹官旭

北京理工大学出版社
BEIJING INSTITUTE OF TECHNOLOGY PRESS

内容简介

本教材紧密结合当前智能网联汽车技术，循序渐进、深入浅出地介绍了汽车智能改装技术这个复杂的技术体系，首先进行智能汽车认知，然后分别介绍计算平台加装、底盘线控系统改装、感知系统加装，并为每个部分都安排了实训任务，包括改装/加装、调试、标定以及测试，最后进行整车综合测试，完成改装目标。

本教材可作为智能汽车相关专业的教材，也可作为社会相关机构进行技术培训的参考资料。

为方便各院校开展一体化教学和信息化教学，本教材配套开发了教学课件、任务工单、微课等丰富的教学资源，可通过北京理工大学出版社理工教育网官网下载。

图书在版编目（CIP）数据

汽车智能改装技术 / 陶忠，李妙然主编 . -- 北京：

北京理工大学出版社，2023.9

ISBN 978-7-5763-2894-3

Ⅰ.①汽…　Ⅱ.①陶…②李…　Ⅲ.①智能通信网 –

汽车改造　Ⅳ.①U472

中国国家版本馆 CIP 数据核字（2023）第 175323 号

责任编辑: 陈莉华	**文案编辑:** 陈莉华
责任校对: 刘亚男	**责任印制:** 边心超

出版发行 /	北京理工大学出版社有限责任公司
社　　址 /	北京市丰台区四合庄路 6 号
邮　　编 /	100070
电　　话 /	（010）68914026（教材售后服务热线）
	（010）68944437（课件资源服务热线）
网　　址 /	http://www.bitpress.com.cn

版 印 次 /	2023 年 9 月第 1 版第 1 次印刷
印　　刷 /	定州市新华印刷有限公司
开　　本 /	889 mm × 1194 mm　1/16
印　　张 /	11.5
字　　数 /	233 千字
定　　价 /	79.80 元

图书出现印装质量问题，请拨打售后服务热线，负责调换

　　智能网联汽车作为新时代出行最为关键的一环，为社会带来巨大价值与想象空间，智能网联汽车是未来发展主流，已成为全球汽车行业的共识，并吸引着一众高技术人才投身其中。智能网联汽车作为我国汽车产业转型升级的重要方向，可以有效推进交通强国、科技强国、网络强国、数字中国的建设；推进智能网联汽车产业基础高级化、产业链现代化；推进以国内为主体、国内国际互促的发展格局。

　　我国始终高度重视智能网联汽车产业的发展，从工信部 2017 年 12 月颁布《促进新一代人工智能产业发展三年行动计划（2018—2020 年）》，明确支持车辆智能计算平台、车载芯片、自动驾驶系统、车辆智能算法等关键技术的研发；到 2020 年 11 月推出《新能源汽车产业发展规划（2021—2035 年）》，明确了智能网联汽车的商业化节点与规模应用节点；再到 2021 年 7 月的《智能网联汽车道路测试与示范应用管理规范（试行）》，为加快智能网联汽车产业化进程，推出管理规范。传统的汽车工业强国也陆续出台了智能网联汽车的法案及规划，如美国的《自动驾驶汽车综合计划》（AVCP）和《智能交通系统战略规划 2020—2025》、德国的《自动驾驶法（草案）》、法国的《2020—2022 年自动驾驶国家战略》、日本的《日本自动驾驶政策方针 4.0 版》等。全球范围内智能网联汽车相关文件层出不穷，说明了智能网联汽车发展的重要性。

　　在智能网联汽车大发展的趋势下，各汽车主机厂开始逐渐重视汽车的智能化改装技术，尤其注重试验车辆底盘的线控化改装、感知系统加装、自动驾驶整车综合测试等。为促进我国智能网联汽车产业与智能网联汽车相关专业的教育、教学健康发展，为适应新形势下的教学需求，使院校智能汽车相关专业学生、智能汽车行业从业人员，能全面、系统地理解汽车智能改装技术，教材配有实训任务和任务工单，能够为后续课程打下坚实的基础。其出版有利于推动我国智能网联汽车领域发展与人才培养，完善目前教学不足，对院校的教学展开与专业化体系的建设提供有力支持。本教材具有以下特点：

　　（1）工作任务驱动。本教材体现了工作任务驱动的理念，所有任务配有技能实训"工作页"，可以让学生在学习理论知识的同时，进行实际的工作任务训练，在完成工作任务的过程中学习相关知识，加强感性认识，具有较强的针对性和可操作性。

（2）情境导入设计。本教材多数任务都设计了一个情境导入，可加强课程趣味性，提高学生的学习兴趣，且通过对现实生活中实际情况的模拟，可增强学生的参与感，完成优质、高效的任务学习。

（3）教学资源配套丰富。除纸质教材外，还配有视频、PPT课件、教案等数字化资源，图、文、链接相结合，方便老师教学，学生和从业人员学习。并在教材中的关键知识点配套二维码，可通过手机扫描二维码的方式，观看视频等学习资源。

本教材由南京六合中等专业学校陶忠、北京和绪科技有限公司李妙然担任主编，南京六合中等专业学校陈正、乔亚军和郑威担任副主编。其中绪论由陶忠负责编写，项目一由李妙然负责编写，项目二由陈正负责编写，项目三由乔亚军负责编写，项目四由郑威负责编写。参与本教材编写的还有陈艳秋、季霞、李阳春、平雅涵、尹官旭。

由于智能网联汽车技术尚处于发展阶段，且编者水平有限，疏漏之处在所难免，恳请广大读者提出宝贵的修正意见和建议。

编　者

目录

绪 论

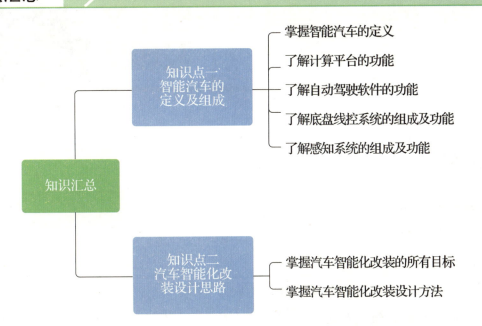

```
知识汇总 ──┬── 知识点一 智能汽车的定义及组成 ──┬── 掌握智能汽车的定义
          │                                  ├── 了解计算平台的功能
          │                                  ├── 了解自动驾驶软件的功能
          │                                  ├── 了解底盘线控系统的组成及功能
          │                                  └── 了解感知系统的组成及功能
          │
          └── 知识点二 汽车智能化改装设计思路 ──┬── 掌握汽车智能化改装的所有目标
                                              └── 掌握汽车智能化改装设计方法
```

学习目标 →

知识目标

◇ 掌握智能汽车的定义；

◇ 了解计算平台、自动驾驶软件、底盘线控系统、感知系统的组成及功能；

◇ 掌握汽车智能化改装的所有目标、汽车智能化改装设计方法。

素养目标

◇ 能够自觉遵守法律、法规以及技术标准规定；

◇ 能够和同学及教学人员建立良好的合作关系；

◇ 能够在实际操作过程中，培养动手实践能力，注重培养质量意识、安全意识、节能环保意识和规范操作等职业素养；

◇ 培养新时代爱国主义精神；

◇ 坚持矢志奋斗的理想；

◇ 养成良好的安全工作习惯，具备相应岗位职业素养和规范意识；

◇ 培养新时代工匠精神；

◇ 培养团队合作精神及合作意识；

◇ 培养自我发展、创新意识和能力。

知识点一　智能汽车的定义及组成　1

学习目标

◇ 掌握智能汽车的定义；

◇ 了解计算平台的功能；

◇ 了解自动驾驶软件的功能；

◇ 了解底盘线控系统的组成及功能；

◇ 了解感知系统的组成及功能。

应知应会

一、智能汽车的定义

环境感知、智能决策、自动控制以及协同控制等功能一般称为智能功能。具备智能功能的汽车称为智能汽车。

车辆利用通信技术实现与外界信息交互的功能称为网联功能，"外界"是指车辆自身范畴以外，例如穿戴设备等属于"外界"的范畴。具备网联功能的汽车称为网联汽车。

图 0-1 中，A 为智能汽车，B 为网联汽车，C 既可称为智能汽车又可称为网联汽车，A、B、C 均可称为智能网联车。

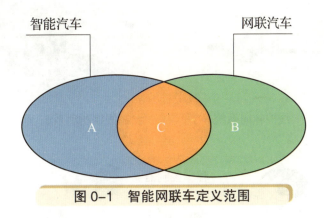

智能汽车　　　　　　　　网联汽车

图 0-1　智能网联车定义范围

二、智能汽车的组成

智能汽车一般由计算平台（已安装自动驾驶软件）、底盘线控系统、感知系统三大部分组成。

1. 智能汽车的"大脑"——计算平台

计算平台的功能是承载自动驾驶软件，并承担数据处理、应用运算等算力需求大的任务，通过软硬件协同优化，更充分地利用算力资源，而不消耗过多资源，从而提高能效比，实现性能最优。计算平台核心结构，如图 0-2 所示。

2. 智能汽车的"灵魂"——自动驾驶软件

自动驾驶软件主要包含自动驾驶底盘线控控制、自动驾驶感知（包含环境感知和定位）、自动驾驶各行为决策等算法。自动驾驶软件如图 0-3 所示。

图 0-2　计算平台核心结构

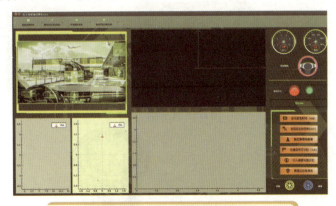

图 0-3　自动驾驶软件

3. 智能汽车的"手足"——底盘线控系统

底盘线控系统的功能是控制车辆的速度与行驶方向。该系统主要由线控转向系统、线控制动系统、线控驱动系统组成，如图0-4所示。

线控转向系统　　　　　　　线控制动系统

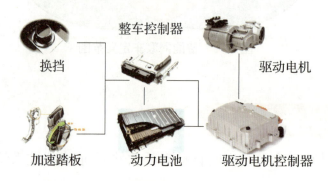

换挡　　　整车控制器　　　驱动电机

加速踏板　　动力电池　　驱动电机控制器

线控驱动系统

图0-4　底盘线控系统

4. 智能汽车的"耳目"——感知系统

　　感知系统的功能是感知智能网联车辆周围环境状态及自身状态，为自动驾驶软件提供决策依据。感知系统主要由定位系统和环境感知系统组成，定位系统主要指组合导航系统，环境感知系统由毫米波雷达、激光雷达、超声波雷达系统、视觉传感器等组成。感知系统如图0-5所示。

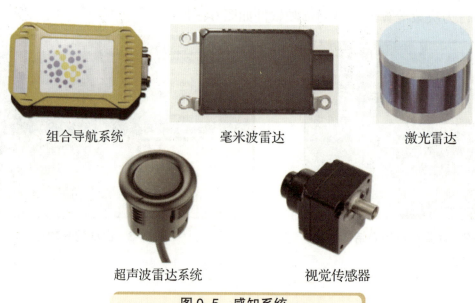

组合导航系统　　　　　毫米波雷达　　　　　　激光雷达

超声波雷达系统　　　　视觉传感器

图0-5　感知系统

知识点二 汽车智能化改装设计思路 ②

◇ 掌握汽车智能化改装的所有目标；

◇ 掌握汽车智能化改装设计方法。

✎ 应知应会

一、汽车智能化改装设计目标

本着以教学为目的，选择整体结构较为简单，便于拆卸、改装、加装的巴哈赛车为标杆车，以已有成品案例的改装设计过程为例进行讲解。巴哈赛车智能化改装前后如图 0-6 所示，左侧为改装前巴哈赛车，右侧为改装后巴哈赛车。

图 0-6 巴哈赛车智能化改装前后

选择自动驾驶寻迹、自动紧急制动（AEB）、自适应巡航控制（ACC）、静态障碍物避障、交通信号灯识别（TLR）、行人横穿马路识别等自动驾驶相关功能，将标杆车进行智能化改装。

汽车智能化改装，需要使标杆车具备计算平台（已安装自动驾驶软件）、底盘线控系统、感知系统三大部分，所以标杆车改装设计目标如下。

1. 计算平台加装目标

计算平台能正常运行其内部的自动驾驶软件，同时可以手动对自动驾驶软件各主要参数进行配置，最终使标杆车完成自动驾驶相关功能，并通过整车综合测试。

2. 底盘线控系统改装目标

使改装后的底盘线控各系统的性能，接近或优于标杆车原装底盘各系统的性能，改装后的转向系统、制动系统、驱动系统与计算平台之间可以实现通信。计算平台可以对底盘线控各系统进行控制，并完成调试及标定，然后通过测试。

3. 感知系统加装目标

加装的感知各系统能正常工作，它们分别可以与计算平台实现通信。计算平台可以通过感知各系统，进行周围环境状态及自身定位状态的感知，并完成调试及标定，然后通过测试。

4. 整车综合测试目标

经过改装后的标杆车，能够通过以 10 km/h 为标准的自动驾驶相关整车功能测试，如自动驾驶寻迹、自动紧急制动（AEB）、自适应巡航控制（ACC）、静态障碍物避障、交通信号灯识别（TLR）、行人横穿马路识别等。

二、汽车智能化改装总体设计

1. 计算平台加装设计

标杆车没有计算平台，所以需要加装拥有自动驾驶软件的计算平台，软硬件结合实现以 10 km/h 为标准的自动驾驶相关功能。

2. 底盘线控系统改装设计

标杆车原装驱动系统为电动驱动系统，驱动电机配有电机控制器，但电机控制器只受油门踏板传感器控制，仅靠这些无法让计算平台控制原装驱动系统，所以需要为驱动系统加装一个拥有与计算平台通信功能的控制器，让计算平台可以控制驱动系统，最终实现对标杆车的行驶速度控制。

标杆车原装的转向系统为机械转向，制动系统为液压制动，但没有电控部分，所以需要在它们原有基础上进行改装，使它们可以与计算平台进行通信，接受计算平台控制，最终完成标杆车的自动转向功能和自动制动功能。

改装后的转向系统、制动系统、驱动系统和计算平台之间可以通过技术成熟、泛用性强、成本较低的 CAN 总线进行通信。

底盘线控系统改装设计不仅要根据以上的思路，还要考虑选用的计算平台对底盘线控系统各控制器的实际硬件需求，以及 CAN 总线协议和自动驾驶软件相匹配的问题。

3. 感知系统加装设计

标杆车没有原装的感知系统，所以需要进行加装。我们以实现自动驾驶相关功能需求为目标，选择相关传感器进行加装。

自动驾驶寻迹：车辆根据创建的地图进行轨迹规划及行驶，使其在合理时间内到达预设终点。

该功能需要创建地图以及车辆自身精确定位功能，因为组合导航系统可以完成自动驾驶寻迹功能，所以必须加装组合导航系统。

自动紧急制动（AEB）：实时监测车辆前方行驶环境，并在可能发生碰撞危险时，自动启动车辆制动系统，使车辆减速，以避免碰撞或减轻碰撞后果。

该功能需要精确感知较远距离时车辆和障碍物之间的距离，毫米波雷达、激光雷达及视觉传感器具备该能力，所以毫米波雷达、激光雷达或者视觉传感器，三者至少加装一种。

另外，超声波雷达系统的探测距离虽然较短，但可辅助完成自动紧急制动功能。

自适应巡航控制（ACC）：实时监测车辆前方行驶环境，在设定的速度范围内自动调整行驶速度，以适应前方车辆或道路条件等引起的驾驶环境变化。

该功能需要锁定目标物体的方位和速度，毫米波雷达、激光雷达及视觉传感器具备该能力，所以毫米波雷达、激光雷达或者视觉传感器，三者至少加装一种。

另外，超声波雷达系统的探测距离虽然较短，但可辅助完成自适应巡航控制的停 – 走功能。

静态障碍物避障：车辆根据检测到的静态障碍物信息，按照规划创建的地图进行有效的避障，最终到达预设终点。

该功能需要精确感知障碍物本体的长和宽，感知车辆和障碍物之间的距离，激光雷达及超声波雷达系统具备该能力，所以激光雷达或者超声波雷达系统，二者至少加装一种。

交通信号灯识别（TLR）：实时监测车辆前方交通信号灯状态，根据交通信号灯状态变化，调整车辆行驶状态。

该功能需要对交通信号灯及其颜色进行识别，视觉传感器具备物体识别和最出色的颜色识别能力，所以必须加装视觉传感器。

行人横穿马路识别：实时监测车辆周围是否有行人经过，并在可能发生碰撞危险时，自动启动车辆制动系统使车辆减速，以避免碰撞行人。

该功能需要对人的形状及行为进行识别，视觉传感器及激光雷达具备该能力，所以视觉传感器或者激光雷达，二者至少加装一种。

感知系统加装设计不仅要根据以上的思路，还要考虑选用的计算平台对感知系统各传感器的实际硬件需求，以及各传感器协议和自动驾驶软件相匹配的问题。

4. 改装线束设计

（1）线束设计中每一部分线束的分布要合理，走线也要合理。

（2）线束若需要过孔时，必须设计护套保护，并保证该处的密封良好。

（3）如线束跨越较长距离，要每隔一段距离加上一个卡子固定，避免线束下垂。

（4）线束设计要避免出现锐角，以防电线折断。

（5）尽量按钣金件的形状去顺流走线。

（6）布线位置的钣金若有尖锐棱角，需要对钣金进行处理，避免钣金切割线束。

（7）必须考虑线束所处环境来选择包扎方式，考虑的参数包含温度、湿度、穿线空间、振动摩擦等。

（8）线束间要避免出现不必要的二次转接，否则会增加线束长度和接插件数量。

（9）线束的穿线空间和接插件的固定空间要足够，必须满足在实际情况下穿线和接插操作的方便性，以及对接处的操作空间需求。

（10）对那些无法用卡扣固定于车身的接插件，需要设计海绵泡沫保护接插件，避免其晃动碰撞产生异响。

（11）由于车身的内饰件和座椅等附件，普遍采用螺栓的安装方式，因此在布线时，要求线束与螺栓的装配区域，保持一定间距，避免在装配车身附件时，线束被螺栓割断。

项目一

计算平台加装

知识汇总 →

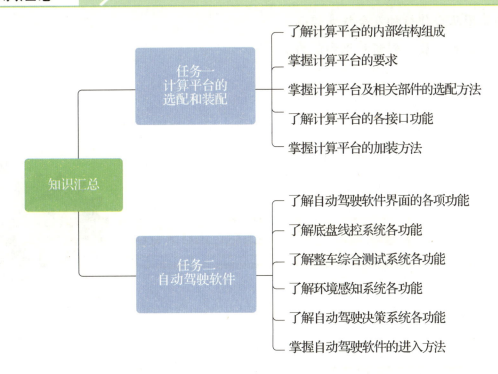

知识汇总

任务一 计算平台的选配和装配
- 了解计算平台的内部结构组成
- 掌握计算平台的要求
- 掌握计算平台及相关部件的选配方法
- 了解计算平台的各接口功能
- 掌握计算平台的加装方法

任务二 自动驾驶软件
- 了解自动驾驶软件界面的各项功能
- 了解底盘线控系统各功能
- 了解整车综合测试系统各功能
- 了解环境感知系统各功能
- 了解自动驾驶决策系统各功能
- 掌握自动驾驶软件的进入方法

学习目标 →

知识目标

◇ 了解计算平台的内部结构组成；

◇ 了解计算平台的各接口功能；

◇ 了解自动驾驶软件界面的各项功能。

技能目标

◇ 掌握计算平台的要求；

◇ 掌握计算平台及相关部件的选配方法；

◇ 掌握计算平台的加装方法；

◇ 掌握自动驾驶软件的进入方法。

素养目标

◇ 能够自觉遵守法律、法规以及技术标准规定；

◇ 能够和同学及教学人员建立良好的合作关系；

◇ 能够在实际操作过程中，培养动手实践能力，注重培养质量意识、安全意识、节能环保意识和规范操作等职业素养；

◇ 培养新时代爱国主义精神；

◇ 坚持矢志奋斗的理想；

◇ 养成良好的安全工作习惯，具备相应岗位职业素养和规范意识；

◇ 培养新时代工匠精神；

◇ 培养团队合作精神及合作意识；

◇ 培养自我发展、创新意识和能力。

任务一　计算平台的选配和装配

✎ 任务目标

◇ 了解计算平台的内部结构组成；

◇ 掌握计算平台的要求；

◇ 掌握计算平台及相关部件的选配方法；

◇ 了解计算平台的各接口功能；

◇ 掌握计算平台的加装方法。

 **情境导入**

　　小张是一名新入职的自动驾驶试验车改装技师，今天是小张第一次进行改装作业，由他和他的师傅负责，将一辆普通车辆改装为有自动驾驶功能的车辆。

　　师傅为方便接下来改装其他系统后的调试和标定，首先加装了计算平台。在加装的过程中，对小张讲解了计算平台的结构、加装方法及安全注意事项等，两人愉快地完成了这次任务。

　　那么在加装计算平台时，需要注意哪些细节？具体加装方法有哪些？接下来我们带着这些问题开始本任务的学习吧。

 应知应会

计算平台的加装选配

1. 计算平台的内部结构

　　计算平台内部主要由 AI 单元、计算单元、控制单元以及其他器件组成。

1）AI 单元

　　采用并行计算架构 AI 芯片，并使用多核 CPU 配置 AI 芯片和必要处理器，具有硬件加速功能。AI 芯片可选用 GPU、FPGA、ASIC（专用集成电路）、DSP、NPU 等。该芯片通常依赖内核系统进行加速引擎及其芯片资源的分配、调度。通过加速引擎来实现对传感器以及 OBU 等数据进行高效处理与融合，获取用于规划及决策的关键信息。当控制单元失效时，AI 单元可暂时实现驾驶任务接管或告警信息等处理，将车辆事故处理降到最小风险状态。

2）计算单元

　　由多个多核 CPU 组成，单核主频高，算力强。计算单元用于执行自动驾驶相关大部分核心算法，可整合多个数据源完成路径规划、决策等功能，可处理 AI 单元的运算结果，并能将本身的处理结果传递给控制单元。

　　CPU 架构可分为精简指令集 RISC 和复杂指令集 CISC，RISC 以 ARM 架构为主流，CISC 以 X86 架构为主流。

　　由于成本、功耗、散热、体积等因素，车载计算平台的 CPU 多采用 ARM 架构。

3）控制单元

　　控制单元可接收来自其他车载控制单元的指令，通过通信接口（如 CAN、FlexRay、CAN FD 等）实现车辆的横向和纵向等控制。

2. 计算平台的要求

　　（1）计算平台能实现以 10 km/h 为标准的自动驾驶相关功能，如自动驾驶寻迹、自动紧急制动（AEB）、自适应巡航控制（ACC）、静态障碍物避障、交通信号灯识别（TLR）、行人横穿马路识别等。

（2）计算平台必须匹配足够 ROM 容量。

（3）计算平台必须能使自动驾驶软件进行可视化调试。

（4）计算平台无法正常工作时，必须保证驾驶员随时可以接管标杆车。

（5）计算平台各接口必须满足底盘线控系统和感知系统的通信需求。

（6）计算平台不得因电磁干扰而影响工作性能，且必须满足 GB 34660—2017《道路车辆 电磁兼容性要求和试验方法》中的技术要求。

3 计算平台及相关部件的选配

1）计算平台选配

（1）功能要求：

①拥有适配好的自动驾驶软件，自动驾驶软件包含自动驾驶相关功能；

②可以进行 Linux 系统和自动驾驶软件的操作；

③可插入 TF 卡进行扩容；

④在满足功能和性能要求的前提下，尽可能选择低功耗和低散热需求的计算平台。

（2）通信接口要求：

①有至少一个串口数据接口，以对应组合导航系统或超声波雷达系统；

②有至少一个以太网接口，以对应激光雷达；

③有至少一个 GMSL 接口，以对应视觉传感器；

④有至少两路高速 CAN 通道的接口，一路对应底盘线控系统（转向、制动、驱动），一路对应毫米波雷达、组合导航系统或超声波雷达系统；

⑤有至少一个 HDMI 接口，以对应显示屏幕；

⑥有至少两个 USB 3.0 接口，可以连接 USB 扩展器，以对应视觉传感器、鼠标和键盘。

注意：常用的车载组合导航系统和超声波雷达系统，使用串口、CAN 等协议；常用的车载视觉传感器，使用 USB、GMSL 等协议。

（3）算力要求：可完成以 10 km/h 为标准的自动驾驶相关功能的计算需求。

2）其他

必须另外配备显示器、键盘和鼠标，用以实现自动驾驶软件可视化调试。

（1）显示器：屏尺寸 ≤ 17.3 in[①]，以避免占用空间过大；分辨率 ≥ 1 920 × 1 080；由于使用低电压蓄电池为电源，所以必须满足 12 V 电压为显示器供电；功耗不超过 33 W，以避免功耗过大影响整车续航能力；对应 HDMI 接口。

（2）键盘和鼠标：可连接 USB 接口，或支持无线功能。

接下来，以符合所有选配要求的相关部件为例，进行加装。

---

① 1 in=2.54 cm。

 技能实训

计算平台的加装方法

1. 计算平台的各接口认知

1）计算平台的正面接口

计算平台的正面接口示意图如图 1-1 所示，计算平台的正面接口说明如表 1-1 所示。

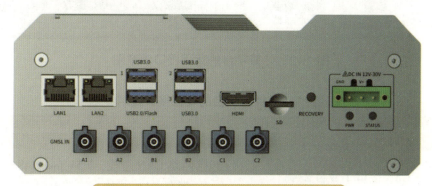

图 1-1　计算平台的正面接口示意图

表 1-1　计算平台的正面接口说明

接口	接口名称	接口说明
LAN1、LAN2	千兆网口	两路独立千兆网口
USB	三路 USB 3.0 接口与单路 USB 2.0 接口	3 路 USB 3.0 接口，1 路 USB 2.0 接口，USB 2.0 接口在 Recovery 模式下可用于烧写镜像； 5 V、1 A
GMSL	GMSL 输入	可接入 6 路 GMSL2 协议的摄像头； GMSL2 接口兼容 GMSL1
HDMI	HDMI 接口	HDMI 2.0 TYPEA； 5 V、1 A
SD	TF 卡槽	可以扩展 TF 卡； 3.3 V、1 A
RECOVERY	Recovery 模式按钮	按下后上电开机，可以进入 Recovery 模式
DC IN	电源接口	支持宽电压 12~30 V DC 输入
PWR	电源指示灯	载板上电：指示灯为黄色 载板启动：指示灯为白色常亮 载板错误：指示灯为红色常亮
STATUS	系统状态指示灯	系统启动前：指示灯为红色； 系统启动后：指示灯为蓝色常亮

2）计算平台的背面接口

计算平台的背面接口示意图如图 1-2 所示，计算平台的背面接口说明如表 1-2 所示。

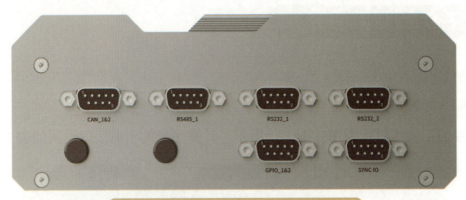

图 1-2　计算平台的背面接口示意图

表 1-2　计算平台的背面接口说明

接口	接口名称	接口说明
CAN_1&2	CAN 接口 1 号与 2 号	包含两路 CAN 总线，7.5V max@48mA max； 带有 CAN 芯片，终端电阻 120 Ω
RS485_1	RS485 串口 1 号	差分输出驱动电压为 2.0 V DC min，驱动 A 电流为 1 mA max
RS232_1	RS232 串口 1 号	逻辑 1：–3~–12 V，逻辑 0：3~12 V，电流 1.6 mA max
RS232_2	RS232 串口 2 号	逻辑 1：–3~–12 V，逻辑 0：3~12 V，电流 1.6 mA max
GPIO_1&2	GPIO 接口	2 × GPIO_IN，High：1~12 V，Low：0~0.8 V； 2 × GPIO_OUT：3.3 V
SYNC IO	Sync IO	1 路 Sync in 同步功能； 1 路 Sync out 同步功能； 1 路 PPS 同步功能；

3）计算平台的 CAN 接口

计算平台的 CAN 接口示意图如图 1-3 所示，计算平台的 CAN 接口说明如表 1-3 所示。

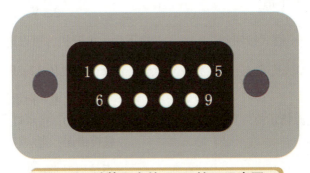

图 1-3　计算平台的 CAN 接口示意图

表 1-3 计算平台的 CAN 接口说明

接口名称	引脚序号	信号定义	接口说明
CAN_1&2	1	TX2_CAN1_L	TX2_CAN_1 L 端
	2	TX2_CAN0_L	TX2_CAN_0 L 端
	3	GND	地
	4、5	NC	空脚
	6	GND	地
	7	TX2_CAN0_H	TX2_CAN_0 H 端
	8	TX2_CAN1_H	TX2_CAN_1 H 端
	9	NC	空脚

注意：参考表 1-2 的计算平台 CAN 接口说明，此 CAN 接口拥有两路 CAN 总线，分别为 CAN0 和 CAN1，接下来电路图中的 CAN 定义，以此为准。

计算平台的 CAN 调试软件显示 CAN0 接口对应 CAN0，显示 CAN1 接口对应 CAN1。

4）计算平台的 RS232 接口

计算平台的 RS232 接口示意图如图 1-4 所示，计算平台的 RS232 接口说明如表 1-4 所示。

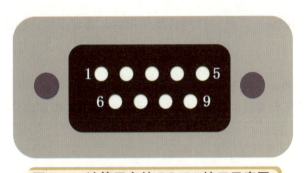

图 1-4 计算平台的 RS232 接口示意图

表 1-4 计算平台的 RS232 接口说明

接口名称	引脚序号	信号定义	接口说明
RS232_1	1	NC	空脚
	2	USB_UART8_RXD	RS232_1 号接收
	3	USB_UART8_TXD	RS232_1 号发送
	4	NC	空脚
	5	GND	地
	6~9	NC	空脚
RS232_2	1	NC	空脚
	2	USB_UART9_RXD	RS232_2 号接收
	3	USB_UART9_TXD	RS232_2 号发送
	4	NC	空脚
	5	GND	地
	6~9	NC	空脚

2. 计算平台的加装

一、实训规则

1.目的

为了规范实训教学，保证学生的安全，为实训教学提供一个良好的学习环境，使实训教学有组织、有纪律、高质量地进行，特制定本规则。

2.规则

（1）学生实训前必须将劳保用品穿戴整齐，做好准备工作准时上课。

（2）学生不得擅自离开实训岗位、实训场所。有事要请假，返回岗位时应向老师报告，进行销假，未经实训老师允许不得调换岗位和设备，更不允许乱动设备。

（3）学生必须严格遵守安全技术操作规程。

（4）认真学习，虚心接受实训老师的指导，按时按课题完成实训任务，确保实训质量，不断提高操作技能技巧。

（5）爱护公共设施和设备、工具、材料等，不准做私活，更不允许私拿公物，如丢失和损坏，按照相关制度赔偿。

（6）学生进入实训场地后，不准嬉笑打闹，更不允许动用实训工具、材料进行打闹，要做到文明礼貌。

（7）学生在实训中要按照学校安排积极参加建校劳动和生产劳动。

（8）学生在实训场地和教室要做到"六无"，即无烟头、无碎纸、无痰迹、无饭菜、无瓜果皮核、无乱写乱画。

（9）下课前将自己所用的设备、工具、材料整理并归位，清理卫生，切断电源，经实训老师同意后方可离开实训场所。

二、实训注意事项

（1）在对计算平台进行加装前，需要佩戴棉线防护手套，以保护手部，防止刮伤。

（2）在使用工具拆装计算平台螺栓时，要选择合适大小的扳手，否则容易损坏螺栓棱角。

1-1 工作页："计算平台及相关部件的加装"工作页

一、任务准备

（1）操作设备：巴哈赛车。

（2）工具/仪器：常用拆装工具套装、螺丝刀套装、水平测试仪、打孔工具、焊接工具、喷漆工具等。

（3）人员分工：组长1名，记录人员1名，检验人员1名，操作人员若干。以上人选角色可通过选举、抓阄及老师指定等方式来担任，通过多个任务的训练，争取让每个学生轮流担任每个角色，以提升学生自身综合能力。

（4）实训场地：智能网联无人驾驶电动赛车实训室。

二、计算平台加装前注意事项

（1）标杆车必须置于水平地面。

（2）标杆车四轮胎压必须达到标准胎压要求。

（3）标杆车必须处于无负载状态。

（4）标杆车前轮和转向盘必须摆正。

三、任务实施

参照以下操作步骤进行计算平台及相关部件的加装技能训练。

个人防护：操作人员需要穿戴工作服和防护手套。

整车防护：车内部需要铺上转向盘套、座椅套和脚垫，车外部需要铺上防护垫。

计算平台及相关部件的加装

（1）取下钥匙，断开低压蓄电池负极，等待 1 min。

（2）设计并制作控制板平台：根据各个控制器、保险丝盒、旋钮开关的大小，以及标杆车后部空间，制作控制板平台，并留出 4 个固定螺栓安装位置。

注意：各个控制器、保险丝盒、旋钮开关在控制板平台上的安装位置，除了组合导航系统控制器的安装位置有特定要求外（详见项目三的"任务一 组合导航系统的选配、装调和测试"中"组合导航系统的加装"），其他部件的安装位置可根据需求自行设计。

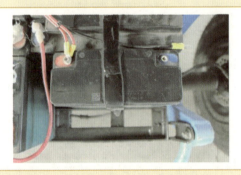 

（3）显示器固定支架安装位置测量：由于使用 17.3 in 显示器，所以选择在副驾驶员侧仪表处进行显示器固定支架安装。再根据显示器的宽度除以 2，来计算出支架的安装位置。

（4）设计并制作显示器支架：根据显示器自带的安装孔到显示器固定支架安装位置的距离，计算支架的高度，并留出 2 个固定螺栓安装位置。

（5）设计并制作键盘和鼠标工作台：由于显示器的位置，所以选择在副驾驶员侧仪表下方进行工作台加装，再根据键盘和鼠标的尺寸，决定工作台的长度及宽度。

（6）安装控制板平台：使用 M5 内六角和 M14 扳手，对 4 个控制板平台的固定螺栓进行紧固。

（7）安装计算平台：根据之前设计的计算平台安装位置进行打孔，放置好计算平台后，使用M5内六角和M14扳手，对4个计算平台的固定螺栓进行紧固。

（8）安装显示器固定支架：根据之前测得的安装位置，再测量显示器固定支架底部中心点，然后对固定支架进行焊接、打磨和喷漆处理。

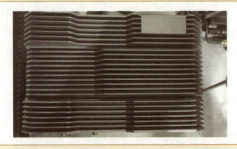

（9）安装键盘和鼠标工作台：利用两侧梅花手柄对工作台进行紧固。

（10）安装显示器：用M3内六角扳手，对两个显示器固定螺栓进行紧固。

（11）安装自动驾驶电源系统的保险丝盒：根据之前设计的保险丝盒固定位置，使用打孔工具对控制板平台进行打孔，用内六角扳手，对两个保险丝盒固定螺栓进行紧固。

自动驾驶电源系统的保险丝盒对应关系：

FL1—组合导航系统控制器和DTU；FL2—激光雷达适配盒；FL3—超声波雷达控制器；FL4—毫米波雷达；FL5—计算平台；FL6—显示器。

（12）安装自动驾驶电源系统的旋钮开关：根据之前设计的旋钮开关固定位置，制作出旋钮开关的安装和穿线空间，然后安装旋钮开关。

（13）线束布置：将旋钮开关的供电线束、计算平台和显示器接插器的供电及搭铁线束，与它们对应的线束进行焊接处理，然后按照绪论的"知识点二 汽车智能化改装设计思路"中"改装线束设计"的要求，对旋钮开关、计算平台和显示器线束进行布置。	（14）连接自动驾驶电源系统的线路：将旋钮开关与保险丝盒的线束进行连接，然后将保险丝盒FL5（计算平台）和FL6（显示器）的输出端线束进行连接，最后分别安装它们的保险丝。
	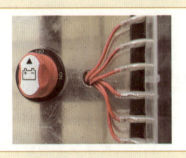
（15）连接显示器端 HDMI 接插器。	（16）连接显示器端电源接插器。

（17）连接计算平台端 HDMI 接插器。	（18）连接计算平台端电源接插器，然后进行紧固。

（19）安装低压蓄电池负极。 　至此，计算平台加装完成，可撤除车外及车内防护设施。	
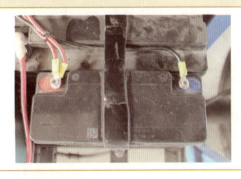	

四、任务评价

　　完成实训任务后，对任务完成情况进行评价。

任务二 自动驾驶软件

✏ 任务目标

◇ 了解自动驾驶软件界面的各项功能；

◇ 了解底盘线控系统各功能；

◇ 了解整车综合测试系统各功能；

◇ 了解环境感知系统各功能；

◇ 了解自动驾驶决策系统各功能；

◇ 掌握自动驾驶软件的进入方法。

✏ 情境导入

　　小张和师傅完成了计算平台的加装，由于小张是第一次进行自动化改装，进入自动驾驶软件后，对软件中的各选项设置一无所知，经过师傅的耐心讲解，小张初步掌握了各选项的功能。

　　那么自动驾驶软件都有哪些功能？各选项的含义是什么？接下来我们带着这些问题开始本任务的学习吧。

✏ 应知应会

一、自动驾驶软件界面各功能介绍

自动驾驶软件界面	
环境感知系统可视化界面	**各系统选择界面**
1. 视觉传感器可视化界面	1. 底盘线控系统
2. 激光雷达可视化界面	2. 整车综合测试系统
3. 毫米波雷达可视化界面	3. 环境感知系统
4. 超声波雷达可视化界面	4. 自动驾驶决策系统
5. 寻迹地图可视化界面	

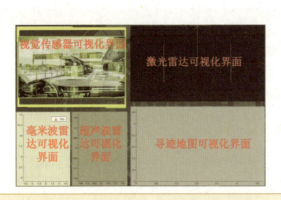

底盘线控系统状态界面

显示自动驾驶状态下，驱动系统、制动系统、转向系统的实时状态。

急停开关状态界面

（1）显示绿灯时，说明急停开关已关闭，车辆处于可进行自动驾驶状态。

（2）显示红灯时，说明急停开关已开启，车辆处于不可进行自动驾驶状态，必须人工驾驶。

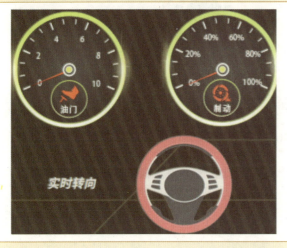

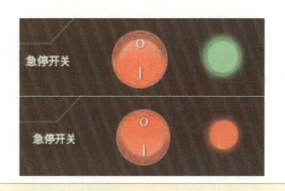

自动驾驶功能栏

橘红色为关闭状态，荧光绿色为开启状态。

二、底盘线控系统各功能介绍

底盘线控系统	
底盘线控系统主要包括: 1. 转向角度标定 2. 转向系统动作执行测试|十进制 3. 转向系统动作执行测试|十六进制 4. 制动系统动作执行测试|十进制 5. 制动系统动作执行测试|十六进制 6. 车辆行驶参数配置 7. PID 控制参数配置	**转向角度标定** 对转向盘初始角度 0° 进行校准。

转向系统动作执行测试|十进制 输入十进制报文,转向盘会根据报文需要的角度及方向进行旋转。	**转向系统动作执行测试|十六进制** 输入十六进制报文,转向盘会根据报文需要的角度及方向进行旋转。
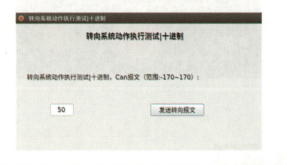	
制动系统动作执行测试|十进制 输入十进制报文,制动系统会根据报文的需求进行动作。	**制动系统动作执行测试|十六进制** 输入十六进制报文,制动系统会根据报文的需求进行动作。
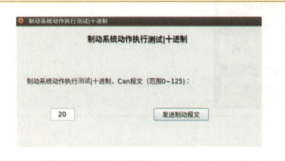	

车辆行驶参数配置

此参数均在自动驾驶模式下生效。人工驾驶时，还是以驾驶员操作需求为主。

1）设置期望直行车速

即设置车辆直行速度。

2）设置期望转弯车速

即设置车辆转弯速度。正常情况下，转弯车速应低于直行车速。

3）设置刹车临界值

设置刹车临界值大小。当车速高于临界值时，才会激活 AEB 功能。

4）紧急制动行程值

即车辆到达终点，或按下急停开关时，制动行为的力度。

5）起点转向阈值

车辆与寻迹路线产生偏移，车辆寻找正确路线时，采取的转向行为的临界值。此值越大，寻找路线时转向的行驶距离越小，反之则越大。

6）起点转向系数

车辆与寻迹路线产生偏移，车辆寻找正确路线时，采取的转向行为的临界值。此值越大，寻找路线时转向的角度就越大，反之则越小。

7）起点回正阈值

车辆与寻迹路线产生偏移，车辆在接近正确路线时，采取回正及反向转向的行为的临界值。此值越小，采取转向行为时，离正确路线就越接近，反之则越远。同时，起点回正阈值与车速有关，车速越快，则此值应越小。

8）起点回正系数

车辆与寻迹路线产生偏移，车辆在接近正确路线时，采取的转向行为的临界值。此值越大，反向转向的角度就越大，反之则越小。

9）起点距离系数

车辆回归至正确路线所需距离的远近。此值越大，所需要的距离越长，反之则越短。另外，车辆与寻迹路线偏差的直线距离越大，此值应该越大。

PID 控制参数配置

此参数均在自动驾驶模式下生效。人工驾驶时，还是以驾驶员操作需求为主。

1）积分周期 T_i

指以时间周期为单位，进行累计误差的消除。该值必须要 ≥ 2 倍控制周期 Period。

2）微分周期 T_d

指在两次控制周期 Period 之间，进行误差消除。该值必须要在（1 倍控制周期 Period，2 倍控制周期 Period）区间。

3）控制周期 Period

指控制底盘线控系统的频率，如控制周期 Period 为 50 ms，就是每 50 ms 对底盘线控系统进行一次控制。

4）控制系数 K_p

指每个控制周期 Period 内，控制幅度的大小。K_p 越大则控制幅度越大，反之则越小。

5）控制常数 C_p

此系数是在控制系数 K_p 的基础上进行小幅度的调整。

☆ PID 控制参数配置注意事项

PID 控制参数主要和转向相关：

转向角度太小时，需增大 K_p，减小 T_i；

转向角度太大时，需减小 K_p，增大 T_i；

K_p 太大时，转向角度会突然变大或变小；

T_i 太大时，转向速度会变得迟钝；

T_d 太大时，转向盘抖动频率会增大。

三、整车综合测试系统各功能介绍

整车综合测试系统

整车综合测试系统主要包括:
1. RS232 端口配置
2. 组合导航系统标定
3. 创建寻迹地图
4. 配置寻迹地图

RS232 端口配置

1)RS232 端口号配置

选择不同的 RS232 端口号,以激活计算平台上不同的 RS232 接口。

注意:只有完成计算平台 RS232 端口的配置,该功能才可以使用。

2)波特率设置

选择不同的波特率,作为当前波特率。

组合导航系统标定

1)当前杆臂误差

当前组合导航系统控制器与定位天线间,X、Y、Z 三个方向的距离。

2)测量后杆臂误差

对组合导航系统控制器与定位天线间 X、Y、Z 三个方向的距离进行测量后,输入对应数值。

创建寻迹地图

1)车辆差分定位信号状态

指车辆 GNSS 天线接收卫星信号的状态。

2)寻迹地图名称

在此处对将要创建的地图进行命名。

配置寻迹地图

1）选取寻迹地图路径

在这里选择将要进行测试的寻迹地图。

2）设置转弯系数

转弯系数即转弯路段的对比阈值。自动驾驶时的转弯系数若大于设置转弯系数，则该路段为转弯路段；若小于设置转弯系数，则为直行路段。

3）路径基数

路径基数即路径对比的基数，该基数越大则对比的路段越长，反之则路段越短。

4）航向角定位系数

航向角定位系数即当前车辆行驶的方向。此系数越大，车辆定向的距离就越长，反之则越短。如果GNSS信号越差，车辆定向需要的距离则越长。

5）直线寻迹目标点

车辆在直线行驶过程中，将车辆前方第 N 个路径点设置为目标点。如果目标点数设置太大，则有可能忽略某路段的行驶轨迹。如果目标点设置太小，当车辆加速度较大时，有可能导致车辆采取掉头的行驶行为。

6）弯道寻迹目标点

车辆在转弯行驶过程中，将车辆前方第 N 个路径点设置为目标点。如果目标点数设置太大，则有可能忽略某路段的行驶轨迹；如果目标点设置太小，当车辆加速度较大时，有可能导致车辆采取掉头的行驶行为。弯道寻迹目标点的设置应小于等于直线寻迹目标点。

7）起步寻路系数

起步寻路系数即起始目标点的位置。起步寻路系数越大，则起始寻路目标点位置越远，反之则越近。与寻迹路线偏差较大时，此值的设置应该越大，反之则越小。

8）纬度缩放比例

纬度缩放比例即纬度缩放的比例系数。此系数越大，则纬度可显示的范围越大，反之则越小。

9）经度缩放比例

经度缩放比例即经度缩放的比例系数。此系数越大，则经度可显示的范围越大，反之则越小。

10）路径过滤系数

路径过滤系数即路径的过滤系数。此系数越大，则路径点的密度就越小，反之则越大。

四、环境感知系统各功能介绍 »»

环境感知系统

环境感知系统主要包括：
1. 视觉传感器配置
2. 毫米波雷达配置
3. 激光雷达配置
4. 超声波雷达配置

视觉传感器配置

1）视觉传感器状态
用于观察视觉传感器开启或者关闭状态。
2）视觉传感器设备号
可选择视觉传感器在计算平台上生成的设备号，也可选择开启或者关闭视觉传感器检测功能。
3）视觉传感器识别参数
置信度阈值：指对样本某个总体参数的区间估计。当被检测物体的置信度高于该设定值时，显示识别结果。反之，则不显示识别结果。

非极大性抑制阈值：指寻找局部最大值的过程。目标检测的过程中，在同一目标的位置上会产生大量的候选框，这些候选框相互之间可能会有重叠，此时需要通过该值，判定最佳目标边界框，消除冗余的边界框。

毫米波雷达配置

1）毫米波雷达状态
用于开启或者关闭毫米波雷达检测功能。
2）毫米波雷达显示频率
指毫米波雷达可视化界面刷新频率。
3）可视化范围的横坐标和纵坐标
指毫米波雷达可视化界面所显示的横坐标和纵坐标范围。

激光雷达配置

1）以太网配置
IP 地址：指的是计算平台本体 IP，此值不建议改动。
端口号：指的是计算平台上不同的以太网（LAN）接口，此值不建议改动。
2）激光雷达标定
对激光雷达在车辆上的俯仰角（Pitch）、偏航角（Yaw）和横滚角（Roll）三个角度以及安装高度进行测量，输入各测量值后，激光雷达坐标系可转为车辆坐标系。

超声波雷达配置

1）超声波雷达状态

用于开启或者关闭超声波雷达检测功能。

2）超声波雷达显示频率

指超声波雷达系统可视化界面刷新频率。

3）可视化范围的横坐标和纵坐标

指超声波雷达系统可视化界面所显示的横坐标和纵坐标范围。

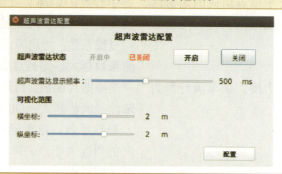

五、自动驾驶决策系统各功能介绍

自动驾驶决策系统	
自动驾驶决策系统主要包括： 1. 自动紧急制动行为配置 2. 自适应巡航控制行为配置 3. 静态障碍物避障行为配置 4. 交通信号灯识别行为配置 5. 行人横穿马路识别行为配置	**自动紧急制动行为配置** 1）AEB 碰撞区域范围 　左前点横坐标和左前点纵坐标：指设置 AEB 触发区域左前方的顶点位置。 　右后点横坐标和右后点纵坐标：指设置 AEB 触发区域右后方的顶点位置。 　AEB 触发区域就是由这 2 个顶点组成的矩形区域。当障碍物出现在这个区域范围内时，便会采取制动行为。 　2）制动系数 　指执行制动行为时的刹车力度，刹车满行程为 1.0。

自适应巡航控制行为配置

1）ACC 碰撞区域范围

左前点横坐标和左前点纵坐标：指设置 ACC 触发区域左前方的顶点位置。

右后点横坐标和右后点纵坐标：指设置 ACC 触发区域右后方的顶点位置。

ACC 触发区域就是由这 2 个顶点组成的矩形区域。当障碍物出现在这个区域范围内时，便会采取制动行为。

2）减速系数

指执行制动行为时的刹车力度，刹车满行程为1.0。

静态障碍物避障行为配置

1）避障行驶路径

避障距离：指车辆开始采取避障行为时，与障碍物中心点的距离。避障距离越大，开始执行避障行为时距离障碍物越远，反之则越小。

安全系数：指车辆在避障行为过程中，与障碍物中心点的距离。安全系数越大避障曲线路径的波峰就越大，反之则越小。

过滤系数：指避障曲线轨迹中的路径点数量。过滤系数越大，路径点数就越稀疏，反之则密集。

避障路径阈值：指避障曲线轨迹的路程距离。避障路径阈值越大，曲线路径就越长，反之则越短。

避障系数：指车辆在进行避障行为时，进行转向的角度大小。避障系数越大，转向角度则越大，反之则越小。

回正系数：指车辆在完成避障行为，回归正常轨迹时，进行转向的角度大小。回正系数越小，转向角度则越大，反之则越小。

2）模拟避障场景

中心点横坐标：指模拟一个虚拟障碍物中心点的横坐标。

中心点纵坐标：指模拟一个虚拟障碍物中心点的纵坐标。

障碍物宽度：指模拟一个虚拟障碍物的宽度。

障碍物长度：指模拟一个虚拟障碍物的长度。

车辆横坐标：指模拟一个车辆定位的横坐标。

车辆纵坐标：指模拟一个车辆定位的纵坐标。

交通信号灯识别行为配置

1）红绿灯坐标采集

在创建寻迹地图时，单目视觉传感器识别出的交通信号灯的经、纬度坐标。

2）红绿灯识别 RGB 范围

红灯识别 RGB 最大值设定：指识别红灯过程中，R、G、B 对应的最大设定值。

红灯识别 RGB 最小值设定：指识别红灯过程中，R、G、B 对应的最小设定值。

若交通信号灯点亮后，在红灯识别 RGB 最小设定值和红灯识别 RGB 最大设定值范围内，则判定交通信号灯为红灯状态。

绿灯识别 RGB 最大值设定：指识别绿灯过程中，R、G、B 对应的最大设定值。

绿灯识别 RGB 最小值设定：指识别绿灯过程中，R、G、B 对应的最小设定值。

若交通信号灯点亮后，在绿灯识别 RGB 最小设定值和绿灯识别 RGB 最大设定值范围内，则判定交通信号灯为绿灯状态。

注意：根据光线强度、天气、环境等因素的不同，交通信号灯识别 RGB 范围配置参数也需要做对应的调整，才能使识别生效。

3）红绿灯识别距离

制动距离：指交通信号灯为红灯状态，且车辆与交通信号灯直线距离小于此值时，车辆采取制动行为。

距离偏差系数：根据经纬度判断交通信号灯距离时，由于各地域经、纬度存在差异，因此会产生距离测量上的偏差，所以需要进行偏差值的调整。

制动行程：指判断出红灯后，执行制动行为时的制动力度。

行人横穿马路识别行为配置

人像占据百分比：指人像范围框所占整个画布的百分比，百分比越大，测试车辆与行人的距离越近，反之则越远。

制动行程：指判断有行人横穿马路时，执行制动行为时的制动力度。

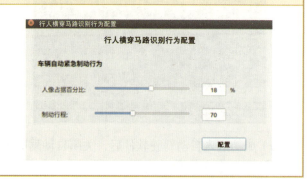

技能实训

自动驾驶软件
进入的方法

1-2 工作页："自动驾驶软件的进入方法"工作页

一、任务准备

（1）操作设备：巴哈赛车。

（2）人员分工：组长 1 名，记录人员 1 名，检验人员 1 名，操作人员若干。以上人选角色可通过选举、抓阄及老师指定等方式来担任，通过多个任务的训练，争取让每个学生轮流担任每个角色，以提升学生自身综合能力。

（3）实训场地：智能网联无人驾驶电动赛车实训室。

二、任务实施

参照以下操作步骤进行自动驾驶软件进入方法技能训练。

（1）将整车打到 ON 挡，然后将自动驾驶系统电源打到 ON 挡。整个过程必须保证整车电量充足。	（2）进入 Linux 操作界面，同时按住"Ctrl+Alt+T"键打开命令行，输入命令"ls"，按回车键确定，然后会出现当前工作目录下的所有文件或文件夹的名称。

（3）输入命令"cd+ 空格 + 自动驾驶软件文件名称"，按回车键确定。 例如此页面显示的自动驾驶软件文件名称为 DriverlessRacingCar_v20220713_21f，则需要输入"cd DriverlessRacingCar_v20220713_21f"。自动驾驶软件文件名称可在命令行中进行复制粘贴。	（4）输入命令"./+ 自动驾驶软件文件名称"，按回车键确定，进入自动驾驶软件。 例如此页面显示的自动驾驶软件文件名称为 DriverlessRacingCar_v20220713_21f，则需要输入"./DriverlessRacingCar_v20220713_21f"。自动驾驶软件文件名称可在命令行中进行复制粘贴。

（5）成功进入自动驾驶软件后，关闭自动驾驶软件。	

三、任务评价

完成实训任务后，对任务完成情况进行评价。

项目二

底盘线控系统改装

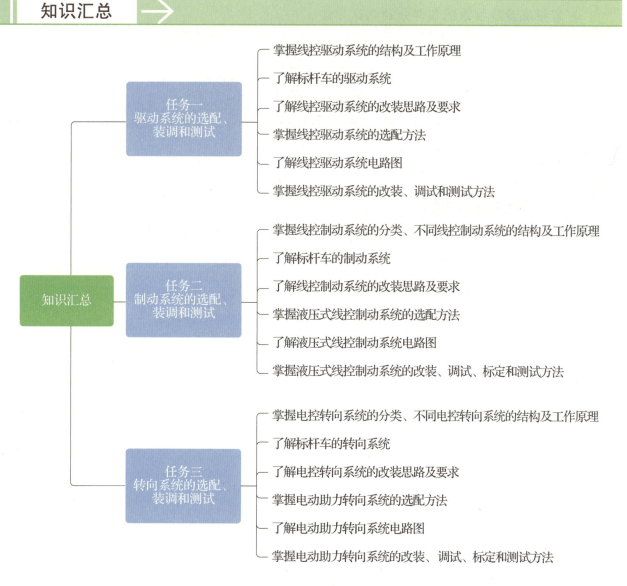

知识汇总

任务一 驱动系统的选配、装调和测试
- 掌握线控驱动系统的结构及工作原理
- 了解标杆车的驱动系统
- 了解线控驱动系统的改装思路及要求
- 掌握线控驱动系统的选配方法
- 了解线控驱动系统电路图
- 掌握线控驱动系统的改装、调试和测试方法

任务二 制动系统的选配、装调和测试
- 掌握线控制动系统的分类、不同线控制动系统的结构及工作原理
- 了解标杆车的制动系统
- 了解线控制动系统的改装思路及要求
- 掌握液压式线控制动系统的选配方法
- 了解液压式线控制动系统电路图
- 掌握液压式线控制动系统的改装、调试、标定和测试方法

任务三 转向系统的选配、装调和测试
- 掌握电控转向系统的分类、不同电控转向系统的结构及工作原理
- 了解标杆车的转向系统
- 了解电控转向系统的改装思路及要求
- 掌握电动助力转向系统的选配方法
- 了解电动助力转向系统电路图
- 掌握电动助力转向系统的改装、调试、标定和测试方法

学习目标 →

知识目标

◇ 掌握底盘线控系统各部分的分类；

◇ 掌握底盘线控系统各部分的结构；

◇ 掌握底盘线控系统各部分的工作原理；

◇ 了解标杆车的原装底盘系统；

◇ 了解底盘线控系统各部分的电路图。

技能目标

◇ 了解底盘线控系统各部分的改装思路及要求；

◇ 掌握底盘线控系统各部分的选配方法；

◇ 掌握底盘线控系统各部分的改装方法；

◇ 掌握底盘线控系统各部分的调试方法；

◇ 掌握底盘线控系统各部分的标定方法；

◇ 掌握底盘线控系统各部分的测试方法。

素养目标

◇ 能够自觉遵守法律、法规以及技术标准规定；

◇ 能够和同学及教学人员建立良好的合作关系；

◇ 能够在实际操作过程中，培养动手实践能力，注重培养质量意识、安全意识、节能环保意识和规范操作等职业素养；

◇ 培养新时代爱国主义精神；

◇ 坚持矢志奋斗的理想；

◇ 养成良好的安全工作习惯，具备相应岗位职业素养和规范意识；

◇ 培养新时代工匠精神；

◇ 培养团队合作精神及合作意识；

◇ 培养自我发展、创新意识和能力。

任务一　驱动系统的选配、装调和测试

 任务目标

◇ 掌握线控驱动系统的结构；

◇ 掌握线控驱动系统的工作原理；

◇ 了解标杆车的驱动系统；

◇ 了解线控驱动系统的改装思路及要求；

◇ 掌握线控驱动系统的选配方法；

◇ 了解线控驱动系统电路图；

◇ 掌握线控驱动系统的改装方法；

◇ 掌握线控驱动系统的调试方法；

◇ 掌握线控驱动系统的测试方法。

 情境导入

　　小李通过应聘进入了一家智能网联汽车研发企业，岗位职责为底盘线控系统改装，正式进入岗位前，需要参加新员工培训，这次培训主要围绕线控驱动系统的结构、改装、调试及测试方法等展开。通过培训的小李顺利进入了工作岗位。

　　假如你是一名刚参加工作的新员工，能否通过培训并胜任这份工作呢？

 应知应会

线控驱动系统的改装选配

1. 线控驱动系统的结构与工作原理

　　线控驱动系统由整车控制器、驱动电机、驱动电机控制器、加速踏板（包含传感器）、换挡开关（或按键、旋钮）和机械传动装置等组成，如图 2-1 所示。

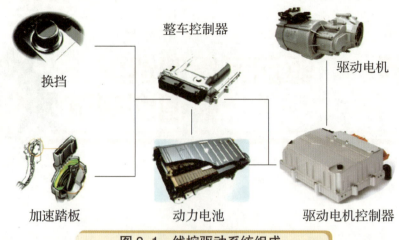

图 2-1　线控驱动系统组成

车辆行驶过程中，整车控制器通过接收换挡开关（或按键、旋钮）信号、加速踏板上的传感器信号等，判断驾驶员的行驶方向和行驶速度，然后发送给驱动电机控制器，控制驱动电机的转向和转速，并经机械传动装置驱动车轮使车辆行驶。

2　标杆车驱动系统的介绍

标杆车原驱动系统主要由驱动电机、驱动电机控制器、加速踏板（包含传感器）、换挡开关和机械传动装置等组成，相关参数详见表 2-1。

表 2-1　标杆车原驱动相关参数

序号	参数名称	具体参数
1	驱动形式	电动驱动
2	额定转速	3 500 r/min
3	额定电压	60 V DC
4	额定电流	34 A
5	轮胎规格	10 in 铝轮 / 真空胎
6	整车净重	300 kg
7	最高时速	> 15 km/h
8	整车外观尺寸	长 × 宽 × 高: 2 600 mm × 1 600 mm × 1 480 mm

3　线控驱动系统的改装思路及要求

1）线控驱动系统的改装思路

标杆车原始的驱动系统为普通的电机驱动，现需要将其改装成线控驱动系统，使其可以完全由计算平台接管进行驱动控制，以满足自动驾驶车辆的行驶速度需求。

标杆车驱动系统的组成如图 2-2 所示。

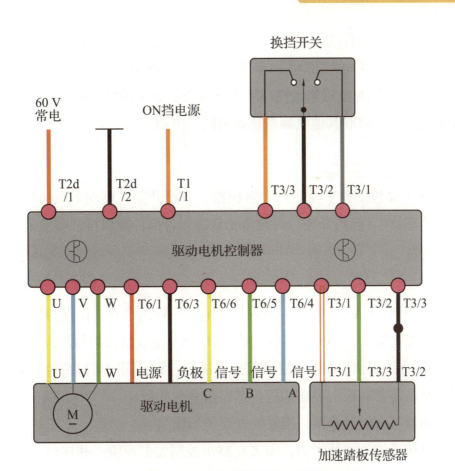

图 2-2　标杆车驱动系统组成

改装成线控驱动系统有两种思路:

（1）加装一个拥有与计算平台及其他底盘线控系统进行 CAN 通信能力的整车控制器，整车控制器通过模拟加速踏板传感器信号控制驱动电机控制器，计算平台通过整车控制器控制原驱动系统。

（2）将标杆车原驱动电机控制器更换成拥有与计算平台及其他底盘线控系统进行 CAN 通信能力的新驱动电机控制器，计算平台通过新驱动电机控制器直接控制原驱动系统。

第一种思路更加接近传统的线控驱动系统结构，所以选择第一种思路为例进行讲解。

2）线控驱动系统的要求

（1）线控驱动系统必须实现自动驾驶时计算平台控制下的行驶速度，以及驾驶员操作时的行驶速度。

（2）线控驱动系统必须在标杆车原驱动系统基础上进行优化，以降低开发难度，缩短开发周期，并合理规避知识产权风险。

（3）线控驱动系统驱动性能方面，必须保持标杆车原驱动系统水平。

（4）线控驱动系统必须满足整车驾驶性能要求。

（5）线控驱动系统必须能承受车辆正常使用状态下的载荷。

（6）线控驱动系统各部件及线束，不会与周边零部件发生干涉现象。

（7）线控驱动系统各部件的强度和刚度，必须满足各种工况要求。

（8）线控驱动系统各电气部件，不得因电磁干扰而影响驱动功能，且必须满足 GB 34660—2017《道路车辆 电磁兼容性要求和试验方法》中的技术要求。

（9）线控驱动系统可以和其他电器系统共用同一电源。

4. 线控驱动系统的选配

线控驱动系统主要包括整车控制器、遥控器、急停开关、驱动电机、驱动电机控制器、加速踏板（包含传感器）、换挡开关、机械传动装置、各部件附属接插器及线束等。

1）整车控制器

选配要求：

（1）需要由稳压器、CAN 收发器、输入处理电路、输出电路、微处理器和电源电路等组成，拥有自诊断、失效保护、CAN 通信等功能。其 CAN 总线协议必须和自动驾驶软件相匹配（自动驾驶软件能够直接识别控制器发送的信息并进行计算，同时可以命令控制器进行动作）。

（2）整车控制器需要有输出加速踏板传感器信号的功能。

（3）整车控制器可适配遥控器，接收处理遥控器信号。

（4）出于对其他系统的加装考虑，需要在整车控制器上预留一些接口，比如预留串口以对应连接超声波雷达系统。

2）遥控器

选配要求：为方便车辆自动驾驶时的远程操控，必须拥有至少四个按键，分别负责自动驾驶相关功能的远程启动、暂停和取消，其余按键用于扩展功能。

3）急停开关

选配要求：提供整车控制器可识别的开启和关闭信号，并通过急停开关切换驾驶状态，以区分人工驾驶模式和自动驾驶模式。

4）各部件附属接插器及线束

由于大部分驱动系统的电器部分被沿用，所以直接使用整车控制器附带的接插器及线束即可（若没有附带，则需要自行适配）；对应计算平台 CAN 接口的接插器，需要进行单独适配，底盘线控系统共用一路 CAN 总线。

5）其他

主要指驱动电机、驱动电机控制器、加速踏板（包含传感器）、换挡开关和机械传动装置等原车部件。

若选用的部件和这些部件无冲突，它们仍可以相互组合进行整车行驶速度控制，因此直接沿用标杆车的原部件即可，特殊情况可在原部件基础上进行改动。

接下来，以符合所有选配要求的相关部件为例，进行改装、调试、测试。

技能实训

一、线控驱动系统的改装方法

1. 线控驱动系统的电路分析

所选用的线控驱动系统的工作过程：将整车打到 ON 挡，线控驱动系统开始工作。

人工驾驶：当驾驶员踩下或抬起加速踏板时，加速踏板传感器通过信号线发出加速或减速信号，整车控制器接收到信号后，即刻算出对应的控制信号，通过控制线发送给驱动电机控制器，由驱动电机控制器控制驱动电机，实现驾驶员的行驶速度需求。

自动驾驶：计算平台通过 CAN 总线发出油门控制信号，整车控制器接收到信号后，即刻算出对应的控制信号，通过控制线发送给驱动电机控制器，由驱动电机控制器控制驱动电机，实现计算平台的行驶速度需求。

急停开关为常闭开关，两个急停开关串联。急停开关未按下时，线路处于接通状态，整车控制器通知计算平台，当前车辆为可进行自动驾驶状态；当任意急停开关按下时，线路处于断路状态，整车控制器通知计算平台切换为人工驾驶状态。

整车控制器通过 CAN0 总线进行通信，发送内容包含故障状态、油门输出电压、急停开关状态等。

线控驱动系统电路图，具体如图 2-3 所示。

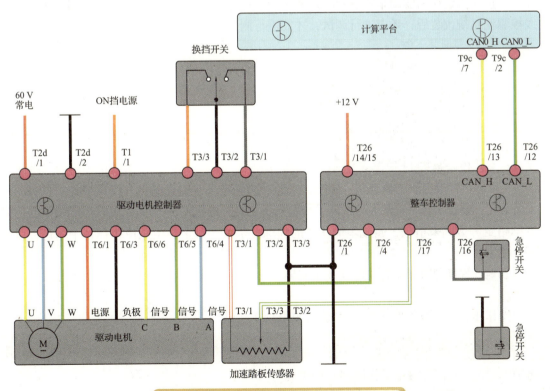

图 2-3　线控驱动系统电路图

线控驱动系统
的改装

2 线控驱动系统的改装

一、实训规则

1. 目的

为了规范实训教学，保证学生的安全，为实训教学提供一个良好的学习环境，使实训教学有组织、有纪律、高质量地进行，特制定本规则。

2. 规则

（1）学生实训前必须将劳保用品穿戴整齐，做好准备工作准时上课。

（2）学生不得擅自离开实训岗位、实训场所。有事要请假，返回岗位时应向老师报告，进行销假，未经实训老师允许不得调换岗位和设备，更不允许乱动设备。

（3）学生必须严格遵守安全技术操作规程。

（4）认真学习，虚心接受实训老师的指导，按时按课题完成实训任务，确保实训质量，不断提高操作技能技巧。

（5）爱护公共设施和设备、工具、材料等，不准做私活，更不允许私拿公物，如丢失和损坏，按照相关制度赔偿。

（6）学生进入实训场地后，不准嬉笑打闹，更不允许动用实训工具、材料进行打闹，要做到文明礼貌。

（7）学生在实训中要按照学校安排积极参加建校劳动和生产劳动。

（8）学生在实训场地和教室要做到"六无"，即无烟头、无碎纸、无痰迹、无饭菜、无瓜果皮核、无乱写乱画。

（9）下课前将自己所用的设备、工具、材料整理并归位，清理卫生，切断电源，经实训老师同意后方可离开实训场所。

二、实训注意事项

（1）在对线控驱动系统进行改装前，需要佩戴棉线防护手套，以保护手部，防止刮伤。

（2）在使用扳手拆装线控驱动系统螺栓时，要选择合适大小的扳手，否则容易损坏螺栓棱角。

（3）线控驱动系统改装后，还应进行调试，才能进行测试。

2-1 工作页："线控驱动系统的改装"工作页

一、任务准备

（1）操作设备：巴哈赛车。

（2）工具/仪器：常用拆装工具套装、螺丝刀套装、打孔工具、退针工具、线束焊接工具等。

（3）人员分工：组长1名，记录人员1名，检验人员1名，操作人员若干。以上人选角色可通过选举、抓阄及老师指定等方式来担任，通过多个任务的训练，争取让每个学生轮流担任每个角色，以提升学生自身综合能力。

（4）实训场地：智能网联无人驾驶电动赛车实训室。

二、任务实施

参照以下操作步骤进行线控驱动系统改装技能训练。

改装前防护
个人防护：操作人员需要穿戴工作服和防护手套。
整车防护：车内部需要铺上转向盘套、座椅套和脚垫，车外部需要铺上防护垫。

线控驱动系统改装	
（1）取下钥匙，断开低压蓄电池负极，等待1 min。	（2）安装整车控制器：根据控制板平台上整车控制器的预设计位置，制作安装孔位，并使用内六角扳手进行固定安装。

| （3）由于加装的整车控制器的接插器上没有配备线束，所以需要按电路图，将每一根线路和接插器连接好。 | （4）拆下副驾驶座椅，找到原车加速踏板传感器和驱动电机控制器之间的接插器，并将其分离。按照电路图，在驱动电机控制器端寻找传感器信号线，然后从接插器上挑出该线，留出空余位置。 |

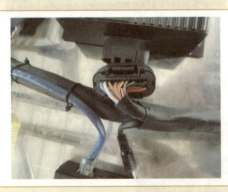

| （5）按照电路图，将整车控制器的第17脚线，接入接插器的空余位置，然后连接接插器，实现加速踏板输出的信号由整车控制器接收。 | （6）按照电路图，将刚刚挑出的线和整车控制器的第4脚线相连接（两根线可制作接插器用于线路连接，也可进行焊接处理），实现整车控制器向驱动电机控制器输出信号。 |

（7）线束布置：将整车控制器接插器的供电、搭铁、CAN 总线等线束，与它们对应的线束进行焊接处理（依据电路图），然后按照绪论的"知识点二 汽车智能化改装设计思路"中"改装线束设计"的要求，对线控驱动系统的线束进行布置，最后安装副驾驶座椅。

（8）安装急停开关：使用工具将两个急停开关进行安装，按照电路图，连接急停开关线束并进行固定。

（9）连接整车控制器端接插器。

（10）连接计算平台端 CAN 接插器，然后进行紧固。

（11）安装低压蓄电池负极。
　至此，线控驱动系统改装完成，可撤除车外及车内防护设施。

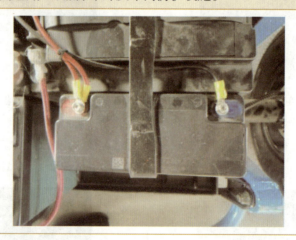

三、任务评价

　完成实训任务后，对任务完成情况进行评价。

二、线控驱动系统的调试及测试

1.　线控驱动系统的调试

底盘线控系统
的调试

2-2 工作页："计算平台 CAN 口的配置"工作页

一、任务准备

（1）操作设备：巴哈赛车。

（2）人员分工：组长 1 名，记录人员 1 名，检验人员 1 名，操作人员若干。以上人选角色可通过选举、抓阄及老师指定等方式来担任，通过多个任务的训练，争取让每个学生轮流担任每个角色，以提升学生自身综合能力。

（3）实训场地：智能网联无人驾驶电动赛车实训室。

二、计算平台 CAN 口配置的目的

　　如果计算平台从未进行过两个 CAN 口的配置，那么两个 CAN 口都将处于未激活状态，导致计算平台上 CAN 唯一接口上的两路 CAN 都不工作，所以不配置直接进行通信调试会使调试失败。也就是说新计算平台必须进行 CAN 口配置，才可以和控制器进行通信调试。

　　两个 CAN 口（CAN0 口和 CAN1 口）已经有对应硬件，CAN0 口对应底盘线控系统和超声波雷达系统，CAN1 口对应毫米波雷达，CAN0 口和 CAN1 口可以同时激活。

三、需要进行计算平台 CAN 口配置的情况

（1）安装全新计算平台后。

（2）未进行过 CAN0 口或 CAN1 口配置的计算平台。

四、任务实施

计算平台 CAN 口的配置

（1）将整车打到 ON 挡，然后将自动驾驶系统电源打到 ON 挡。整个过程必须保证整车电量充足。	（2）同时按住"Ctrl+Alt+T"键打开命令行，输入命令"sudo modprobe can"，按回车键确定。然后输入管理员密码，密码是"nvidia"，密码输入时，输入的密码为不可显示状态。输入完毕后，按回车键即可。
|  | ```
nvidia@miivii-tegra: ~
nvidia@miivii-tegra:~$ sudo modprobe can
[sudo] password for nvidia:
nvidia@miivii-tegra:~$ □
``` |
```

（3）输入命令"sudo modprobe can_raw"，按回车键确定。	（4）输入命令"sudo modprobe mttcan"，按回车键确定。
	![terminal showing sudo modprobe mttcan]
（5）若激活CAN0口（对应底盘线控系统和超声波雷达系统），则输入命令"sudo ip link set can0 type can bitrate 500000 dbitrate 500000 berr-reporting on fd on"，按回车键确定。 若激活CAN1口（对应毫米波雷达），则输入命令"sudo ip link set can1 type can bitrate 500000 dbitrate 500000 berr-reporting on fd on"，按回车键确定。	（6）若激活CAN0口（对应底盘线控系统和超声波雷达系统），则输入命令"sudo ip link set up can0"，按回车键确定，关闭命令行，配置完成。必须接好CAN0口线束，插好CAN接插器后，再进行通信调试。 若激活CAN1口（对应毫米波雷达），则输入命令"sudo ip link set up can1"，按回车键确定，关闭命令行，配置完成。必须接好CAN1口线束，插好CAN接插器后，再进行通信调试。
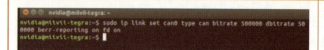	![terminal showing sudo ip link set up can0]

五、任务评价

完成实训任务后，对任务完成情况进行评价。

2-3 工作页："线控驱动系统的通信调试"工作页

一、任务准备

（1）操作设备：巴哈赛车。

（2）人员分工：组长1名，记录人员1名，检验人员1名，操作人员若干。以上人选角色可通过选举、抓阄及老师指定等方式来担任，通过多个任务的训练，争取让每个学生轮流担任每个角色，以提升学生自身综合能力。

（3）实训场地：智能网联无人驾驶电动赛车实训室。

二、线控驱动系统通信调试的目的

确认整车控制器和计算平台可以进行正常通信。

三、需要进行线控驱动系统通信调试的情况

（1）更换整车控制器后（包含原车部件拆装的情况）。

（2）更换计算平台后（包含原车部件拆装的情况）。

（3）线控驱动系统相关故障检测时。

四、线控驱动系统通信调试前注意事项

若新计算平台未进行过CAN0口配置，则无法进行相关系统通信调试，必须先进行计算平台CAN0口配置，详见"计算平台CAN口的配置"工作页。

五、任务实施

线控驱动系统的通信调试	
（1）将整车打到 ON 挡，然后将自动驾驶系统电源打到 ON 挡。整个过程必须保证整车电量充足。	（2）同时按住"Ctrl+Alt+T"键打开命令行，输入命令"sudo candump can0"，按回车键确定。
	nvidia@tegra-ubuntu:~ nvidia@tegra-ubuntu:~$ sudo candump can0
（3）输入管理员密码，密码是"nvidia"，密码输入时，输入的密码为不可显示状态。输入完毕后，按回车键即可。	（4）检查 CAN0 通信报文，是否含有线控驱动系统"ID 0x112"，若检测到该 ID，并且报文能正常变化，说明通信正常，线控驱动系统的通信调试成功。 若是配置激活后，仍未出现报文正常变化的"ID 0x112"，证明线控驱动系统的通信调试失败，这说明问题可能出现在： ①整车控制器的供电端（包含线束和保险）。 ②整车控制器的搭铁线束。 ③整车控制器的 CAN 总线线路（CAN_H 或 CAN_L）。 ④整车控制器本体相关软件及硬件部分。 ⑤计算平台内部 CAN0 相关软件及硬件部分。
nvidia@tegra-ubuntu:~ nvidia@tegra-ubuntu:~$ sudo candump can0 [sudo] password for nvidia:	can0 511 [8] 00 00 00 00 00 00 00 00 can0 289 [8] 00 30 00 00 00 00 00 06 can0 18F [8] 00 FD FF C4 FF 00 1C 00 can0 289 [8] 00 30 00 00 00 00 00 07 can0 112 [8] 10 00 00 00 00 00 00 00 can0 289 [8] 00 30 00 00 00 00 00 08
（5）关闭命令行，通信调试完成。	

六、任务评价

完成实训任务后，对任务完成情况进行评价。

2. 线控驱动系统的测试

道路测试场景内主要包括长直道和测试车辆等，以人工驾驶测试为主，测试场景具体要求如表 2-2 所示。

表 2-2　线控驱动系统道路测试场景

测试道路	车道宽	测试车辆最高速度
长直道	3~5 m	15 km/h

2-4 工作页："线控驱动系统的道路测试"工作页

一、任务准备

（1）操作设备：测试车辆（巴哈赛车）。

（2）工具／仪器：GPS 车速表（也可使用手机下载测量车速的 APP 进行测量）。

（3）人员分工：组长 1 名，记录人员 1 名，检验人员 1 名，测试人员若干。以上人选角色可通过选举、抓阄及老师指定等方式来担任，通过多个任务的训练，争取让每个学生轮流担任每个角色，以提升学生自身综合能力。

（4）实训场地：线控驱动系统道路测试场景。

二、线控驱动系统道路测试的目的

确认测试车辆在改装线控驱动系统后可以保持正常的车速。

三、需要进行线控驱动系统道路测试的情况

（1）线控驱动系统改装后。

（2）线控驱动系统性能试验时。

（3）线控驱动系统重要部件更换后，如整车控制器、驱动电机、电机控制器等相关部件。

四、道路测试注意事项

（1）禁止恶劣天气时进行路测，例如雨、雪、冰雹、雾等天气。

（2）路测时必须保证测试场地路面水平整洁且附着力良好，没有斜坡、杂物、雨雪、积冰等状况。

（3）必须保证测试车辆载重在正常负荷范围内。

（4）必须保证测试车辆已完成线控驱动系统的调试。

（5）必须保证测试车辆处于正常状态，例如胎压符合测试车辆正常标准、整车电量充足、线控驱动系统无影响测试的故障等。

（6）测试人员进入车辆前，必须戴好防护头盔、护肘、护膝等安全护具。

（7）测试人员进入车辆后，必须首先系好安全带。

（8）特殊情况下，测试人员必须及时控制车辆停止测试。

（9）测试过程中，不得出现测试以外人员，测试相关人员不得随意走动。

五、任务实施

参照以下操作步骤进行线控驱动系统的道路测试技能训练。

（1）测试人员驾驶测试车辆，从静止加速至 15 km/h。

（2）以 15 km/h 行驶一段时间，然后减速行驶，结束测试，总共需要进行至少三次测试。

（3）必须同时满足以下条件，才算测试成功；任何一项不满足，则代表测试失败，需要调整或更换线控驱动系统相应部件。

①连续三次测试都可以满足测试人员的加速意图。

②连续三次测试时的直行速度都能够达到 15 km/h。

六、任务评价

完成实训任务后，对任务完成情况进行评价。

任务二　制动系统的选配、装调和测试

 任务目标

◇ 掌握线控制动系统的分类；
◇ 掌握不同线控制动系统的结构；
◇ 掌握不同线控制动系统的工作原理；
◇ 了解标杆车的制动系统；
◇ 了解线控制动系统的改装思路及要求；
◇ 掌握液压式线控制动系统的选配方法；
◇ 了解液压式线控制动系统电路图；
◇ 掌握液压式线控制动系统的改装方法；
◇ 掌握液压式线控制动系统的调试方法；
◇ 掌握液压式线控制动系统的标定方法；
◇ 掌握液压式线控制动系统的测试方法。

情境导入

　　小王是一名车辆线控化改装／测试工程师，改装完线控制动系统，进行调试时发现无法查到 EHB 控制器总成的 ID 地址，经检查是 EHB 控制器总成的 CAN 总线相关插头没插好，重新调整后找到了 EHB 控制器总成的 ID 地址，然后进行了标定和测试。

　　怎样进行线控制动系统的调试？怎样进行标定？接下来我们带着这些问题开始本任务的学习吧。

 应知应会

线控制动系统的改装选配

1. 线控制动系统的分类

　　线控制动系统分为两条技术路线：一条是需要制动油液作为压力传递介质的线控制动系

统，称之为液压式线控制动系统（EHB）；另一条则是机械电子系统，即没有制动油液参与的线控制动系统，称之为机械式线控制动系统（EMB）。

1）液压式线控制动系统（EHB）的结构与工作原理

典型的 EHB 由踏板模拟单元、ECU、执行器机构等组成，如图 2-4 所示。正常工作时，制动踏板与制动器之间的液压连接断开，备用阀处于关闭状态。电子踏板配有踏板感觉模拟器和电子传感器，ECU 可以通过传感器信号判断驾驶员的制动意图，并通过电机驱动液压泵进行制动。电子系统发生故障时，备用阀打开，EHB 变成传统的液压制动系统。

EHB 具有的特点如下：

优点：EHB 不但能够提供高效的常规制动功能，还能发挥包括 ABS 在内的更多辅助功能。

缺点：EHB 以液压为制动能量源，液压系统的重量对整车轻量化不利。

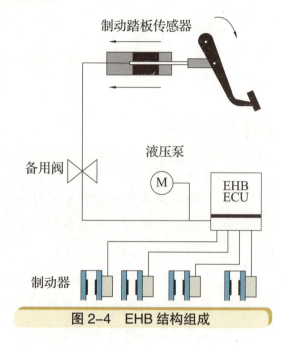

图 2-4　EHB 结构组成

2）机械式线控制动系统（EMB）的结构与工作原理

EHB 虽然实现了线控制动功能，但是并没有完全移除液压系统。而在 EMB 中，所有的液压装置，包括总泵、液压管路、助力装置等均被机械电子系统替代，液压盘和鼓式制动器的调节器也被电机驱动装置取代。如图 2-5 所示为 EMB 结构组成。

EMB 系统主要由车轮制动模块、中央电子控制单元和电子踏板模块等组成，其控制框图如图 2-6 所示。

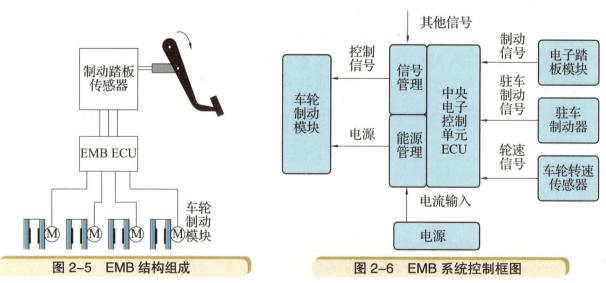

图 2-5　EMB 结构组成　　　　　图 2-6　EMB 系统控制框图

（1）车轮制动模块。

车轮制动模块由制动执行器、制动执行器 ECU 等组成。

（2）中央电子控制单元。

中央电子控制单元的作用：接收制动踏板发出的信号，控制制动器制动；接收驻车制动信号，控制驻车制动；接收车轮转速传感器信号，识别车轮是否抱死、打滑等；控制车轮制动力，实现防抱死和驱动防滑。

（3）电子踏板模块。

EMB 系统取消了传统制动系统中的机械式传力机构和真空助力器，取而代之的是踏板模拟器。它将作用在踏板上的力和速度转化为电信号，输送到中央电子控制单元。

优点：由于制动执行器和制动踏板之间无液压和机械连接，大大减少了制动器的作用时间，进而有效地缩短了制动距离；可实现所有制动和稳定功能。

缺点：由于去除了备用制动系统，EMB 系统需要很高的可靠性，必须采用比 EHB 更可靠的总线协议；制动器需要具有更好的安全性和可靠性；需要更好的抗干扰能力，抵制车辆运行中遇到的各种干扰信号。

2. 标杆车制动系统的介绍

标杆车原制动系统主要由制动总泵、制动分泵、制动踏板、制动液管路、手刹拉线等组成，相关参数详见表 2-3。

表 2-3　标杆车原制动系统相关参数

序号	参数名称	具体参数
1	制动形式	液压制动
2	轮胎规格	10 in 铝轮 / 真空胎
3	整车净重	300 kg
4	最高时速	> 15 km/h
5	整车外观尺寸	长 × 宽 × 高：2 600 mm × 1 600 mm × 1 480 mm

3. 线控制动系统的改装思路及要求

1）线控制动系统的改装思路

标杆车原制动系统为普通的液压制动系统，现需要将其改装成线控制动系统，使其可以完全由计算平台接管进行制动控制，以满足自动驾驶车辆的制动需求。

机械式线控制动系统（EMB）的部件结构较为复杂，每个车轮都需要车轮制动模块，导致硬件价格、开发、测试等成本较高，在满足功能与性能需求的条件下，综合经济成本考虑，选择液压式线控制动系统（EHB）进行改装。

2）液压式线控制动系统的要求

（1）液压式线控制动系统必须实现自动驾驶时计算平台控制下的自动制动功能，以及驾驶员操作时的制动助力功能。

（2）液压式线控制动系统必须尽量在标杆车原制动系统基础上进行优化，以降低开发难度，缩短开发周期，并合理规避知识产权风险。

（3）液压式线控制动系统必须满足制动性能方面接近或优于标杆车原制动系统。

（4）液压式线控制动系统必须保留原车手刹系统。

（5）液压式线控制动系统必须能承受车辆正常使用状态下的载荷。

（6）液压式线控制动系统各部件及线束，不会与周边零部件发生干涉现象。

（7）液压式线控制动系统各部件的强度和刚度，必须满足各种工况要求。

（8）液压式线控制动系统各电气部件，不得因电磁干扰而影响制动功能，且必须满足GB 34660—2017《道路车辆 电磁兼容性要求和试验方法》中的技术要求。

（9）液压式线控制动系统可以和其他电器系统共用同一电源。即使液压式线控制动系统的电源发生故障，制动系统仍须满足故障时的相关制动功能，保证驾驶员仍能进行有效制动。

4. 液压式线控制动系统的选配

EHB（包含液压部分）主要包括：EHB控制器总成、制动液补偿壶、制动分泵、制动踏板、制动液管路、各部件附属接插器及线束等。

1）EHB控制器总成

选配要求：需由EHB控制器、制动助力电机、制动总泵、制动旋变编码器等组成，且这些部件需要集成在一起，这样可以有效节省空间。

（1）EHB控制器：需由稳压器、CAN收发器、输入处理电路、输出电路、微处理器和电源电路等组成，拥有自诊断、失效保护、CAN通信等功能。其CAN总线协议必须和自动驾驶软件相匹配（自动驾驶软件能够直接识别控制器发送的信息并进行计算，同时可以命令控制器进行动作）。能够实现自动制动控制和制动助力控制。

（2）制动助力电机：可以满足系统对力矩的需求。

（3）制动总泵：需达到原车或高于原车的制动液压力转化性能。

另外，EHB控制器总成需要匹配一个制动液补偿壶，进行制动液存储。

2）各部件附属接插器及线束

由于原来的制动系统没有电气部分，所以直接使用EHB控制器总成附带的接插器及线束即可（若没有附带，则需要自行适配），对应计算平台CAN接口的接插器，需要进行单独适配，底盘线控系统共用一路CAN总线。

3）其他

主要指制动分泵、制动踏板、制动液管路、手刹拉线等原车部件。

选用的 EHB 控制器总成，其制动助力电机、EHB 控制器、制动总泵、传感器都需要集成在一起，加装部分和这些原装部件无冲突，它们仍可以相互组合进行制动，因此直接沿用标杆车的原装部件即可，特殊情况时可在原部件基础上进行改动。

接下来，以符合所有选配要求的相关部件为例，进行改装、调试、标定、测试。

技能实训

一、液压式线控制动系统的改装方法

1. 液压式线控制动系统的电路分析

所选用的液压式线控制动系统的工作过程：将整车打到 ON 挡，EHB 控制器总成开始工作。

制动助力控制：当驾驶员踩下制动踏板时，旋变编码器会监测到状态变化，并发送信号给 EHB 控制器，EHB 控制器即刻算出所需制动力，然后控制制动助力电机工作，实现制动助力功能。

自动制动控制：在自动驾驶过程中，当感知系统探测出前方出现障碍物时，计算平台接收到障碍物信息并进行计算，然后通过 CAN 总线发送刹车控制信号至整车控制器，再由整车控制器转发至 EHB 控制器，EHB 控制器控制制动助力电机工作，实现自动制动功能。

EHB 控制器总成的信息，通过 CAN0 总线发送到整车控制器，再由整车控制器发送到计算平台，发送信息内容包含刹车状态、当前状态（故障或正常）、液压式线控制动系统工作模式等。

注意：当整车打到 ON 挡时，制动助力控制功能就开始介入了。

液压式线控制动系统 EHB 电路图，具体如图 2-7 所示。

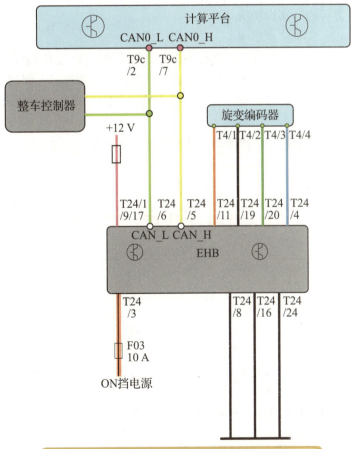

图 2-7　液压式线控制动系统 EHB 电路图

2 液压式线控制动系统的改装

一、实训规则

1. 目的

为了规范实训教学，保证学生的安全，为实训教学提供一个良好的学习环境，使实训教学有组织、有纪律、高质量地进行，特制定本规则。

2. 规则

（1）学生实训前必须将劳保用品穿戴整齐，做好准备工作准时上课。

（2）学生不得擅自离开实训岗位、实训场所。有事要请假，返回岗位时应向老师报告，进行销假，未经实训老师允许不得调换岗位和设备，更不允许乱动设备。

（3）学生必须严格遵守安全技术操作规程。

（4）认真学习，虚心接受实训老师的指导，按时按课题完成实训任务，确保实训质量，不断提高操作技能技巧。

（5）爱护公共设施和设备、工具、材料等，不准做私活，更不允许私拿公物，如丢失和损坏，按照相关制度赔偿。

（6）学生进入实训场地后，不准嬉笑打闹，更不允许动用实训工具、材料进行打闹，要做到文明礼貌。

（7）学生在实训中要按照学校安排积极参加建校劳动和生产劳动。

（8）学生在实训场地和教室要做到"六无"，即无烟头、无碎纸、无痰迹、无饭菜、无瓜果皮核、无乱写乱画。

（9）下课前将自己所用的设备、工具、材料整理并归位，清理卫生，切断电源，经实训老师同意后方可离开实训场所。

二、实训注意事项

（1）在对制动系统进行改装前，需要佩戴棉线防护手套，以保护手部，防止刮伤。

（2）在使用扳手拆装液压式线控制动系统螺栓时，要选择合适大小的扳手，否则容易损坏螺栓棱角。

（3）制动液有毒，在拆卸或安装其管路、排放或加注制动液时要注意安全，不要迸溅到身上或是车辆上。

（4）液压式线控制动系统改装后，还应进行调试和标定，才能进行测试。

2-5 工作页："原车制动系统的拆卸"工作页

一、任务准备

（1）操作设备：巴哈赛车。

（2）工具/仪器：常用拆装工具套装、螺丝刀套装、角磨机、制动液回收壶等。

（3）人员分工：组长1名，记录人员1名，检验人员1名，操作人员若干。以上人选角色可通过选举、抓阄及老师指定等方式来担任，通过多个任务的训练，争取让每个学生轮流担任每个角色，以提升学生自身综合能力。

（4）实训场地：智能网联无人驾驶电动赛车实训室。

二、任务实施

参照以下操作步骤进行原车制动系统拆卸技能训练。

拆装前防护
个人防护：操作人员需要穿戴工作服和防护手套。 整车防护：车内部需要铺上转向盘套、座椅套和脚垫，车外部需要铺上防护垫。

原车制动系统拆卸	
（1）取下钥匙，断开低压蓄电池负极，等待1 min。	（2）拆卸手刹拉线：用尖嘴钳拆卸锁销，然后用M13扳手拆卸手刹拉线，最后将其和制动踏板分离。
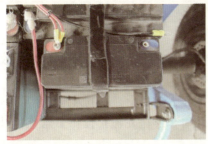	
（3）拆卸制动液管路：用M13扳手拆卸前制动液管路螺栓，用M17扳手拆卸后制动液管路螺栓。 注意：①回收流下的制动液。 ②拆卸制动液管路螺栓时，螺栓上的垫片要保留好，因为还需要再次安装。	（4）拆卸制动踏板：用尖嘴钳拆卸制动踏板与制动主泵连接杆间的连接穿销和锁销，然后用M13扳手拆卸制动踏板固定螺栓。

（5）拆卸制动主泵：用M13扳手拆卸制动主泵固定螺栓。	（6）使用角磨机进行制动主泵支架切割。

（7）使用角磨机打磨平整切割处。

三、任务评价

完成实训任务后，对任务完成情况进行评价。

2-6 工作页："液压式线控制动系统的加装"工作页

一、任务准备

（1）操作设备：巴哈赛车。

（2）工具／仪器：常用拆装工具套装、螺丝刀套装、水平测试仪、卷尺、角磨机、制动液回收壶、焊接工具、喷漆工具、打孔工具、线束焊接工具等。

（3）人员分工：组长1名，记录人员1名，检验人员1名，操作人员若干。以上人选角色可通过选举、抓阄及老师指定等方式来担任，通过多个任务的训练，争取让每个学生轮流担任每个角色，以提升学生自身综合能力。

（4）实训场地：智能网联无人驾驶电动赛车实训室。

二、任务实施

参照以下操作步骤进行液压式线控制动系统加装技能训练。

加装前防护
个人防护：操作人员需要穿戴工作服和防护手套。 整车防护：车内部需要铺上转向盘套、座椅套和脚垫，车外部需要铺上防护垫。

液压式线控制动系统加装	
（1）EHB控制器总成固定支架和制动踏板固定支架焊接位置确定：根据EHB控制器总成的制动踏板连接杆长度和原车制动踏板初始角度及位置，确定EHB控制器总成固定支架的焊接角度和位置。根据原制动踏板安装位置，确定制动踏板固定支架焊接位置。	（2）设计制作EHB控制器总成固定支架：根据确定的安装位置及EHB控制器总成的固定需求进行设计，留出4个固定螺栓安装孔位、制动踏板连接杆防尘套伸出位置，以及手刹拉线固定孔位。确定EHB控制器总成和固定支架相匹配。

（3）设计制作制动踏板固定支架：根据 EHB 控制器总成固定支架和制动踏板固定支架位置，以及 EHB 控制器总成的制动踏板连接杆长度和原车制动踏板初始角度，制作支架。

（4）焊接 EHB 控制器总成固定支架和制动踏板固定支架：按照确定好的角度及位置，对 EHB 控制器总成固定支架和制动踏板固定支架进行焊接。最后对它们进行打磨和喷漆。

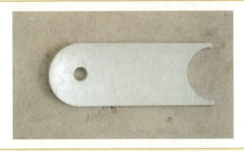

（5）安装 EHB 控制器总成：用 M13 套筒工具紧固 4 颗固定螺栓，把 EHB 控制器总成固定在其支架上。

（6）制作并安装制动液补偿壶支架：制动液补偿壶安装位置要高于 EHB 控制器总成，同时要方便加注制动液，所以制作的支架应安装在 EHB 控制器总成旁边。用 M10 扳手将制动液补偿壶支架进行固定。

（7）安装制动液补偿壶：用 M10 扳手将制动液补偿壶固定在支架上。

（8）安装制动液管路：用 M17 扳手安装后刹车油管螺栓，用 M13 扳手安装前刹车油管螺栓，连接制动液补偿壶与 EHB 控制器总成间的管路。

注意：安装油管螺栓时记得安装油管螺栓的垫片。

（9）安装制动踏板：安装制动踏板连接杆插销，并插上锁销，然后使用 M13 扳手紧固 2 颗固定螺栓，把制动踏板固定在其支架上。

（10）安装手刹拉线：把手刹拉线穿过 EHB 控制器总成固定支架上的固定孔，然后将手刹拉线安装到制动踏板上，并安装锁销，调整拉线，最后用 M13 扳手进行紧固。

（11）加注制动液：加注制动液时，应不断踩下制动踏板，进行排气。排气应从远到近，顺序依次为右后轮、左后轮、右前轮、左前轮。

（12）线束布置：将 EHB 控制器总成接插器的供电、搭铁、CAN 总线等线束，与它们对应的线束进行焊接处理（依据电路图），然后按照绪论的"知识点二 汽车智能化改装设计思路"中"改装线束设计"的要求，对线控制动系统的线束进行布置。

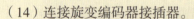

（13）连接 EHB 控制器总成端接插器。

（14）连接旋变编码器接插器。

（15）连接计算平台端 CAN 接插器，然后进行紧固。

（16）安装低压蓄电池负极。
至此，液压式线控制动系统改装完成，可撤除车外及车内防护。

三、任务评价

完成实训任务后，对任务完成情况进行评价。

二、液压式线控制动系统的调试、标定及测试

 液压式线控制动系统的调试

2-7 工作页："液压式线控制动系统的通信调试"工作页

一、任务准备

（1）操作设备：巴哈赛车。

（2）人员分工：组长 1 名，记录人员 1 名，检验人员 1 名，操作人员若干。以上人选角色可通过选举、抓阄及老师指定等方式来担任，通过多个任务的训练，争取让每个学生轮流担任每个角色，以提升学生自身综合能力。

（3）实训场地：智能网联无人驾驶电动赛车实训室。

二、液压式线控制动系统通信调试的目的

确认 EHB 控制器和计算平台可以进行正常通信。

三、需要进行液压式线控制动系统通信调试的情况

（1）更换 EHB 控制器总成后（包含原车部件拆装的情况）。

（2）更换计算平台后（包含原车部件拆装的情况）。

（3）更换整车控制器后（包含原车部件拆装的情况）。

（4）液压式线控制动系统相关故障检测时。

四、液压式线控制动系统通信调试前注意事项

（1）若新计算平台未进行过 CAN0 口配置，则无法进行相关系统通信调试，需要先进行计算平台 CAN0 口配置，详见"计算平台 CAN 口的配置"工作页。

（2）线控驱动系统的通信调试已完成。

五、任务实施

液压式线控制动系统的通信调试	
（1）将整车打到 ON 挡，然后将自动驾驶系统电源打到 ON 挡。整个过程必须保证整车电量充足。	（2）同时按住 "Ctrl+Alt+T" 键打开命令行，输入命令 "sudo candump can0"，按回车键确定。

（3）输入管理员密码，密码是"nvidia"，密码输入时，输入的密码为不可显示状态。输入完毕后，按回车键即可。

（4）检查 CAN0 通信报文，是否含有液压式线控制动系统"ID 0x113"，若检测到该 ID，并且报文能正常变化，说明通信正常，液压式线控制动系统的通信调试成功。

若是配置激活后，仍未出现报文正常变化的"ID 0x113"，证明液压式线控制动系统的通信调试失败，这说明问题可能出现在：

① EHB 控制器总成的供电端（包含线束和保险）。

② EHB 控制器总成的搭铁线束。

③ EHB 控制器总成的 CAN 总线线路（CAN_H 或 CAN_L）。

④ EHB 控制器总成本体软件及硬件部分。

```
nvidia@tegra-ubuntu:~
nvidia@tegra-ubuntu:~$ sudo candump can0
[sudo] password for nvidia:
```

```
can0  289  [8]  00 30 00 00 00 00 00 07
can0  112  [8]  18 06 00 00 00 06 86 00
can0  289  [8]  00 30 00 00 00 00 00 08
can0  113  [8]  10 00 00 00 00 00 00 00
can0  18F  [8]  00 FD FF C4 FF 00 1D 00
can0  111  [8]  10 FF 00 03 FD 55 00 00
```

（5）关闭命令行，通信调试完成。

六、任务评价

完成实训任务后，对任务完成情况进行评价。

---

2 液压式线控制动系统的标定

液压式线控制动系统的标定

2-8 工作页："液压式线控制动系统的标定"工作页

一、任务准备

（1）操作设备：巴哈赛车。

（2）工具 / 仪器：CAN 分析仪和安装有 CAN 分析软件的电脑。

（3）人员分工：组长 1 名，记录人员 1 名，检验人员 1 名，操作人员若干。以上人选角色可通过选举、抓阄及老师指定等方式来担任，通过多个任务的训练，争取让每个学生轮流担任每个角色，以提升学生自身综合能力。

（4）实训场地：智能网联无人驾驶电动赛车实训室。

二、液压式线控制动系统标定的目的

使 EHB 控制器总成内部程序完成自学习。

三、需要进行液压式线控制动系统标定的情况

更换 EHB 控制器总成后（包含原车部件拆装的情况）。

四、任务实施

液压式线控制动系统的标定

（1）拔下计算平台端 CAN 接插器，将其和 CAN 分析仪一端接插器进行连接，然后将 CAN 分析仪另一端和安装有 CAN 分析软件的电脑进行连接。

（2）将整车打到 ON 挡，然后将自动驾驶系统电源打到 ON 挡。整个过程必须保证整车电量充足。

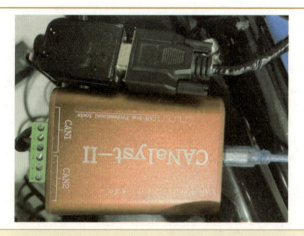
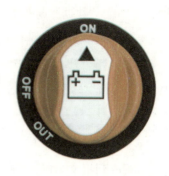

（3）打开连接 CAN 分析仪的电脑，进入 CAN 分析软件，单击"设备操作"→"启动设备"选项。

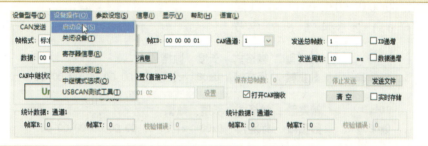

（4）在弹出的"打开 USB 设备"对话框中单击"确定"按钮，弹出"参数确认"对话框，将其中的"波特率"调整为"500kbps"，然后单击"确定"按钮。

（5）在弹出的"提示显示"对话框中会显示是否成功，显示连接成功后，单击"确定"按钮。然后单击"显示"→"合并相同 ID 数据"选项，观察报文变化情况。

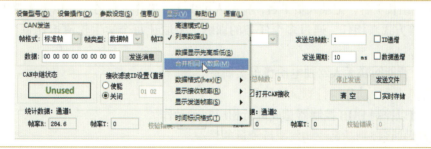

（6）将"帧ID"调整为"00 00 03 64"，"CAN通道"调整为"1"，"发送总帧数"调整为"100"，"发送周期"调整为"20"，"数据"调整为"00 00 00 00 00 00 00 03"，然后单击"发送消息"按钮进行发送。

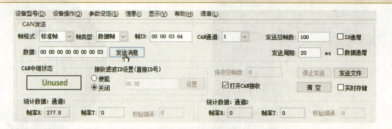

（7）发送后，观察到报文ID号"0x0289"的数据字节1变为"80"（十六进制），说明EHB控制器开始标定，在标定过程中能听到EHB控制器总成工作时产生的声音，在3 min内，若字节1变为"30"（十六进制），说明EHB控制器标定完成。

报文字节数定义：00 00 00 00 00 00 00 00 数据
　　　　　　　　0 1 2 3 4 5 6 7 字节

ID号	帧类型	帧格式	长度	数据
0x0289	数据帧	标准帧	0x08	x| 00 80 00 00 00 00 00 04

ID号	帧类型	帧格式	长度	数据
0x0289	数据帧	标准帧	0x08	x| 00 30 00 00 00 00 00 04

（8）退出分析软件，标定完成，将整车和自动驾驶系统电源打到OFF挡，拔下CAN分析仪上的CAN接插器，将其连接到计算平台端CAN接口，然后进行紧固。

五、任务评价

完成实训任务后，对任务完成情况进行评价。

---

3 》 液压式线控制动系统的测试

1）液压式线控制动系统的动作执行测试

液压式线控制
动系统的动作
执行测试

2-9 工作页："液压式线控制动系统的动作执行测试"工作页

一、任务准备

（1）操作设备：测试车辆（巴哈赛车）。

（2）人员分工：组长1名，记录人员1名，检验人员1名，操作人员若干。以上人选角色可通过选举、抓阄及老师指定等方式来担任，通过多个任务的训练，争取让每个学生轮流担任每个角色，以提升学生自身综合能力。

（3）实训场地：智能网联无人驾驶电动赛车实训室。

二、液压式线控制动系统动作执行测试的目的

确认计算平台可以控制EHB控制器总成进行相应制动动作。

三、需要进行液压式线控制动系统动作执行测试的情况

（1）更换EHB控制器总成后（包含原车部件拆装的情况）。

（2）安装全新计算平台后。

（3）更换整车控制器后（包含原车部件拆装的情况）。

（4）液压式线控制动系统相关故障检测时。

四、液压式线控制动系统动作执行测试前注意事项

（1）液压式线控制动系统的通信调试已完成。

（2）线控驱动系统的通信调试已完成。

五、任务实施

参照以下操作步骤进行液压式线控制动系统的动作执行测试技能训练。

（1）将整车打到 ON 挡，然后将自动驾驶系统电源打到 ON 挡。整个过程必须保证整车电量充足。

（2）打开自动驾驶软件，选择"底盘线控系统"选项，然后选择"制动系统动作执行测试 | 十进制"选项或者"制动系统动作执行测试 | 十六进制"选项。

（3）在"制动系统动作执行测试 | 十进制"或者"制动系统动作执行测试 | 十六进制"下，根据想要执行的制动行程，输入制动报文。

制动行程为 0~125，制动行程越大，制动力度越大。制动报文范围对应十进制为 0~125，对应十六进制为 00~7D，根据需求，可使用进制转换程序，进行十进制和十六进制间转换。

注意：正常情况下，输入制动行程不要超过 100。

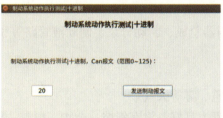 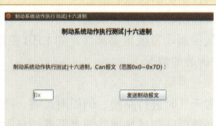

（4）在制动报文对应十进制输入"60"，制动报文对应十六进制输入"3C"，然后单击"发送制动报文"按钮，制动分泵会有制动动作，同时能听见 EHB 控制器总成工作时产生的声音。

若制动分泵有制动动作，同时能听见 EHB 控制器总成工作时产生的声音，说明制动系统动作执行测试成功。

若制动分泵没有制动动作，或者不能听见 EHB 控制器总成工作时产生的声音，则制动系统动作执行测试失败，这说明问题可能出现在：

①EHB 控制器总成本体（包含其内部程序）。

②液压式线控制动系统的液压或机械部分。

（5）关闭自动驾驶软件，动作执行测试完成。

六、任务评价

完成实训任务后，对任务完成情况进行评价。

2）液压式线控制动系统的道路测试

道路测试场景内主要包括长直道和测试车辆等，以人工驾驶测试为主，必须有一人站在制动提示线旁进行制动提示，测试场景具体要求如表2-4所示。

表2-4　液压式线控制动系统道路测试场景

测试道路	车道宽	测试车辆最高速度	制动提示线
长直道	3~5 m	15 km/h	长度≥2 m，宽度≥0.05 m

2-10 工作页："液压式线控制动系统的道路测试"工作页

一、任务准备

（1）操作设备：测试车辆（巴哈赛车）。

（2）工具/仪器：卷尺和GPS车速表（也可使用手机下载测量车速的APP进行测量）。

（3）人员分工：组长1名，记录人员1名，检验人员1名，测试人员若干，制动提示人员1名，以上人选角色可通过选举、抓阄及老师指定等方式来担任，通过多个任务的训练，争取让每个学生轮流担任每个角色，以提升学生自身综合能力。

（4）实训场地：液压式线控制动系统道路测试场景。

二、液压式线控制动系统道路测试的目的

确认测试车辆在改装液压式线控制动系统后可以进行正常的整车制动。

三、需要进行液压式线控制动系统道路测试的情况

（1）液压式线控制动系统改装后。

（2）液压式线控制动系统性能试验时。

（3）液压式线控制动系统重要部件，如EHB控制器总成、制动分泵、制动液管路等相关部件更换后（包含原车部件拆装的情况）。

四、道路测试注意事项

（1）禁止恶劣天气时进行路测，例如雨、雪、冰雹、雾等天气。

（2）路测时必须保证测试场地路面水平整洁且附着力良好，没有斜坡、杂物、雨雪、积冰等状况。

（3）必须保证测试车辆载重在正常负荷范围内。

（4）必须保证测试车辆已完成液压式线控制动系统的调试和标定。

（5）必须保证测试车辆处于正常状态，例如胎压符合测试车辆正常标准、整车电量充足、液压式线控制动系统无影响测试的故障等。

（6）测试人员进入车辆前，必须戴好防护头盔、护肘、护膝等安全护具。

（7）测试人员进入车辆后，必须首先系好安全带。

（8）特殊情况下，测试人员必须及时控制车辆，停止测试。

（9）测试过程中，不得出现测试以外人员，测试相关人员不得随意走动。

五、任务实施

参照以下操作步骤进行液压式线控制动系统道路测试技能训练。

（1）直行速度分别设为 10 km/h 和 15 km/h（两种速度都必须测试），同样，直行速度必须进行至少三次测试。按照"液压式线控制动系统道路测试记录表"测试前记录的"直行速度"进行测试，并记录测试后"是否有制动助力"和"制动后测试车辆滑行距离"的值于表中。

在整车处于 OFF 状态时，踏下制动踏板，可以感受到没有制动助力时的状态。

液压式线控制动系统道路测试记录表

测试次数	直行速度 /（km·h⁻¹）	是否有制动助力	制动后测试车辆滑行距离 /m
1			
2			
3			
4			
5			
6			
7			
8			
9			

（2）测试人员驾驶测试车辆，加速至要求的直行车速。

（3）以直行车速行驶一段时间后，预计到达制动提示线时，由制动提示人员在制动提示线旁进行提示，测试人员得到提示并开始进行制动，整车制动完成后，测量车辆最前端到制动提示线的距离，结束测试。

（4）必须同时满足以下条件，才算测试成功；任何一项不满足，则代表测试失败，需要调整或更换液压式线控制动系统相应部件。

①每次测试均有制动助力。

②直行速度为 10 km/h 时，连续三次测试，制动后测试车辆滑行距离均小于 1.5 m。

③直行速度为 15 km/h 时，连续三次测试，制动后测试车辆滑行距离均小于 2.5 m。

六、任务评价

完成实训任务后，对任务完成情况进行评价。

任务三 转向系统的选配、装调和测试

✎ 任务目标

◇ 掌握电控转向系统的分类；

◇ 掌握不同电控转向系统的结构；

◇ 掌握不同电控转向系统的工作原理；

◇ 了解标杆车的转向系统；

◇ 了解电控转向系统的改装思路及要求；

◇ 掌握电动助力转向系统的选配方法；

◇ 了解电动助力转向系统电路图；

◇ 掌握电动助力转向系统的改装方法；

◇ 掌握电动助力转向系统的调试方法；

◇ 掌握电动助力转向系统的标定方法；

◇ 掌握电动助力转向系统的测试方法。

✎ 情境导入

　　小光是一名车辆线控化改装/测试工程师，今天他负责对一辆小型赛车进行改装，主要任务是把原来的机械转向系统，改装为电控转向系统。他首先熟悉了该车型的参数，然后进行了相应部件的选配并进行改装，非常娴熟地完成了这次改装任务。

　　那么在整个过程中，怎样进行各部件的选配？怎样进行转向系统改装呢？接下来我们带着这些问题开始本任务的学习吧。

✎ 应知应会

电控转向系统的改装选配

1. 电控转向系统的分类

　　用来改变或保持汽车行驶或倒退方向的一系列装置称为汽车转向系统。现阶段典型的电控转向系统主要有电动助力转向系统（EPS）和线控转向系统（SBW）两种，乘用车上以EPS为主流。

1）电动助力转向系统（EPS）的结构与工作原理

电动助力转向系统（EPS）一般由扭矩转角传感器、转向助力电机、电子控制单元（ECU）、减速机构、转向器等组成。

扭矩转角传感器用于检测驾驶员的转向操作扭矩和转向盘转角。电子控制单元（ECU）根据扭矩、转向盘转角以及车速等信号计算助力扭矩，然后通过控制助力电机产生助力，并将其传递到减速机构，最终传递到转向器，如图2-8所示。

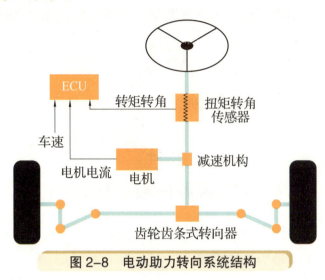

图2-8 电动助力转向系统结构

根据助力电机布置位置的不同，电动助力转向系统（EPS）可分为以下类型。

（1）柱辅助型电动助力转向系统（C-EPS）。

柱辅助型电动助力转向系统的助力电机安装在转向管柱上，在转向管柱下面连接的是一个机械式的转向机，电机助力转矩作用于转向管柱上。柱辅助型电动助力转向系统适用于前轴负荷较小、需求助力适中的中小型乘用车。柱辅助型电动助力转向系统如图2-9所示。

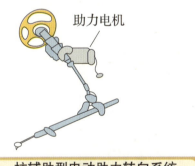

图2-9 柱辅助型电动助力转向系统

优点：结构紧凑，其电机、减速机构、传感器及控制器等呈一体化设计，布置在驾驶舱内，工作环境较好，不占用发动机舱的空间，成本较低。

缺点：电机的助力要通过转向管柱和转向齿轮传递到转向机上，转向管柱部件受力较大，可提供的助力大小受到限制；由于减速机构等安装在转向盘上，不利于转向轴的吸能结构设计。

（2）齿轮辅助型电动助力转向系统（P-EPS）。

齿轮辅助型电动助力转向系统的助力电机和减速机构布置在转向齿轮上，电机的输出力矩通过蜗轮蜗杆减速机构传递到转向齿轮上。齿轮辅助型电动助力转向系统适用于前轴负荷适中、需求助力较大的中型乘用车。齿轮辅助型电动助力转向系统如图2-10所示。

优点：P-EPS助力扭矩直接作用于转向齿轮上，因此可以提供较大的转向助力，助力效果较为迅速准确。助力电机和减速机构布置在发动机舱，有利于降低驾驶舱噪声水平。

缺点：其电机和传感器等部件安装在发动机舱，器件的耐热与防水等环境要求高，成本较高。

（3）齿条辅助型电动助力转向系统（R-EPS）。

齿条辅助型电动助力转向系统的助力电机和减速机构布置在转向齿条上，电机助力扭矩作用于转向齿条上，齿条辅助型电动助力转向系统适用于前轴负荷较大、需求助力较大的大中型乘用车。齿条辅助型电动助力转向系统如图 2-11 所示。

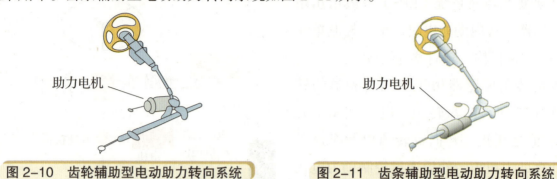

图 2-10　齿轮辅助型电动助力转向系统　　图 2-11　齿条辅助型电动助力转向系统

优点：R-EPS 助力扭矩直接作用于转向齿条上，因此可以提供更大的转向助力，助力效果也最为迅速准确。

缺点：其电机和传感器等部件安装在发动机舱，器件的耐热与防水等环境要求高，成本较高。

2）线控转向系统（SBW）的结构与工作原理

线控转向系统主要由前轮转向模块、SBW 控制器（ECU）、转向盘模块三个主要部分组成，如图 2-12 所示。

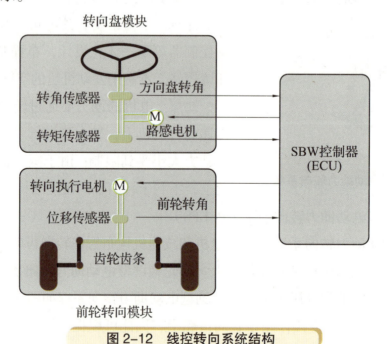

图 2-12　线控转向系统结构

（1）前轮转向模块。

前轮转向模块包括前轮位移传感器、转向执行电机、前轮转向组件等。其功能是将测得的前轮转角信号反馈给 SBW 控制器，并接收 SBW 控制器的命令，控制转向执行电机完成所要求的前轮转角。

（2）SBW 控制器。

SBW 控制器对采集的信号进行分析处理，判断汽车的运动状态，并向转向盘路感电机和转向执行电机发送命令，控制两个电机协调工作。

（3）转向盘模块。

转向盘模块包括转向盘组件、转向盘转角传感器、转矩传感器、转向盘路感电机。其主要功能是将驾驶员的转向意图（通过测量转向盘转角）转换成数字信号并传递给 SBW 控制器，同时 SBW 控制器向转向盘路感电机发送控制信号，产生转向盘的反馈力矩，以提供给驾驶员相应的路感信息。

优点：没有机械的转向管柱，可提高车辆的碰撞安全性。

缺点：整体算法复杂、冗余设备导致额外增加成本和重量。

2. 标杆车转向系统的介绍

标杆车原转向系统主要由转向盘、转向连接杆、转向盘支架、转向机总成、转向横拉杆等组成，相关参数详见表 2-5。

表 2-5　标杆车原转向系统相关参数

序号	参数名称	具体参数
1	转向形式	机械转向
2	转向机总成	齿轮齿条式
3	转向机齿轮行程	140 mm
4	转向盘直径	325 mm
5	横拉杆长度	左侧拉杆：370 mm 右侧拉杆：365 mm
6	转向盘高度	90 mm
7	转向盘倾斜角度	63°
8	轮胎规格	10 in 铝轮 / 真空胎
9	整车净重	300 kg
10	最高时速	> 15 km/h
11	整车外观尺寸	长 × 宽 × 高：2 600 mm × 1 600 mm × 1 480 mm

3. 电控转向系统的改装思路及要求

1）电控转向系统的改装思路

标杆车原始的转向系统为普通的机械转向系统，现需要将其改装成电控转向系统，使其可以完全由计算平台接管进行转向控制，以满足自动驾驶车辆的转向需求。

线控转向系统的部件结构较为复杂，相较电动助力转向系统需要更多电机和传感器，导致硬件价格、开发、测试等成本较高。在满足功能与性能需求的条件下，综合经济成本考虑，选择电动助力转向系统进行改装。

由于车型较小，前轴负荷较小，且驾驶室内和前舱空间较为有限，因此标杆车选用C–EPS。

此后，本教材中的电动助力转向系统都指的是 C–EPS。

2）电动助力转向系统的要求

（1）电动助力转向系统必须实现自动驾驶时计算平台控制下的自动转向功能，以及驾驶员操作时的转向助力功能。

（2）电动助力转向系统必须尽量在标杆车原转向系统基础上进行优化，以降低开发难度，缩短开发周期，并合理规避知识产权风险。

（3）电动助力转向系统必须满足转向性能方面接近或优于标杆车原转向系统。

（4）电动助力转向系统必须能承受车辆正常使用状态下的载荷。

（5）电动助力转向系统各部件及线束，不会与周边零部件发生干涉现象。

（6）电动助力转向系统各部件的强度和刚度，必须满足各种工况要求。

（7）电动助力转向系统各电气部件，不得因电磁干扰而影响转向功能，且必须满足GB 34660—2017《道路车辆 电磁兼容性要求和试验方法》中的技术要求。

（8）电动助力转向系统可以和其他电器系统共用同一电源。即使电动助力转向系统的电源发生故障，转向系统仍须满足故障时的相关转向功能，保证驾驶员仍能进行有效转向操作。

4. 电动助力转向系统的选配

C–EPS（包含机械部分）主要包括：转向助力电机总成、电动助力转向系统控制器、转向机总成、转向盘、转向连接杆、各部件附属接插器及线束等。

1）转向助力电机总成

选配要求：必须和电动助力转向系统控制器相配套，满足系统力矩要求。其由转角传感器、扭矩传感器、转向助力电机、减速机构等组成，且上述部件集成在一起，这样可以有效节省空间。

2）电动助力转向系统控制器

选配要求：需由稳压器、CAN 收发器、输入处理电路、输出电路、微处理器和电源电路等组成，拥有自诊断、失效保护、CAN 通信等功能。其 CAN 总线协议必须和自动驾驶软件相匹配（自动驾驶软件能够直接识别控制器发送的信息并进行计算，同时可以命令控制器进行动作），能够实现自动转向控制和转向助力控制。

3）各部件附属接插器及线束

由于原来的转向系统没有电气部分，所以直接使用转向助力电机总成和电动助力转向系统控制器附带的接插器及线束即可（若没有附带，则需要自行适配），对应计算平台 CAN 接口的接插器，必须进行单独适配，底盘线控系统共用一路 CAN 总线。

4）其他

主要指转向盘、转向连接杆、转向盘支架、转向机总成、转向横拉杆等原车部件。

由于选用的 C-EPS，其转向助力电机、减速机构、传感器都集成在一起，且加装部分和这些原装部件无冲突，它们仍可以相互组合进行转向，因此直接沿用标杆车的原装部件即可，特殊情况可在原部件基础上进行改动。

接下来，以符合所有选配要求的相关部件为例，进行改装、调试、标定、测试。

 技能实训

一、电动助力转向系统的改装方法

1. 电动助力转向系统的电路分析

所选用的电动助力转向系统的工作过程：将整车打到 ON 挡，电动助力转向系统控制器（电路图中的 EPS）开始工作。

转向助力控制：当驾驶员操作转向盘，扭矩传感器和转角传感器监测到转矩和转向盘转角后，将信号发送至电动助力转向系统控制器，该控制器控制助力转向电机通电占空比及电流大小，实现转向助力功能。

自动转向控制：在自动驾驶过程中，当需要转向时，计算平台通过 CAN 总线发送转向角度控制信号至整车控制器，再由整车控制器转发至电动助力转向系统控制器，该控制器控制助力转向电机通电工作频率及电流大小，使转向盘达到目标角度，同时由转角传感器进行角度信号反馈，实现自动转向功能。

电动助力转向系统控制器的信息，通过 CAN0 总线发送到整车控制器，再由整车控制器发送到计算平台，发送信息内容包含：转向盘力矩、转向盘角度、电动助力转向系统工作模式等。

注意：当整车打到 ON 挡时，转向助力控制功能就开始介入了。

电动助力转向系统电路图，具体如图 2-13 所示。

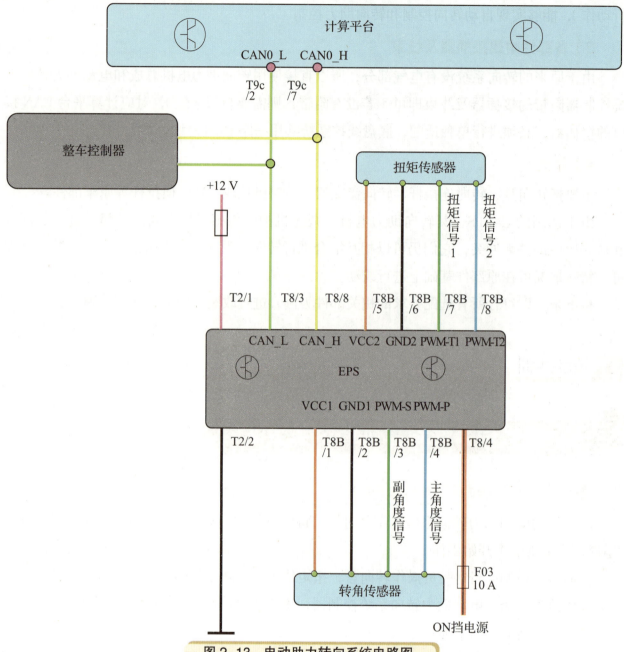

图 2-13　电动助力转向系统电路图

2 电动助力转向系统的改装

一、实训规则

1. 目的

为了规范实训教学，保证学生的安全，为实训教学提供一个良好的学习环境，使实训教学有组织、有纪律、高质量地进行，特制定本规则。

2. 规则

（1）学生实训前必须将劳保用品穿戴整齐，做好准备工作准时上课。

（2）学生不得擅自离开实训岗位、实训场所。有事要请假，返回岗位时应向老师报告，进行销假，未经实训老师允许不得调换岗位和设备，更不允许乱动设备。

（3）学生必须严格遵守安全技术操作规程。

（4）认真学习，虚心接受实训老师的指导，按时按课题完成实训任务，确保实训质量，不断提高操作技能技巧。

（5）爱护公共设施和设备、工具、材料等，不准做私活，更不允许私拿公物，如丢失和损坏，按照相关制度赔偿。

（6）学生进入实训场地后，不准嬉笑打闹，更不允许动用实训工具、材料进行打闹，要做到文明礼貌。

（7）学生在实训中要按照学校安排积极参加建校劳动和生产劳动。

（8）学生在实训场地和教室要做到"六无"，即无烟头、无碎纸、无痰迹、无饭菜、无瓜果皮核、无乱写乱画。

（9）下课前将自己所用的设备、工具、材料整理并归位，清理卫生，切断电源，经实训老师同意后方可离开实训场所。

二、实训注意事项

（1）在对电动助力转向系统进行改装前，需要佩戴棉线防护手套，以保护手部，防止刮伤。

（2）在使用扳手拆装电动助力转向系统螺栓时，要选择合适大小的扳手，否则容易损坏螺栓棱角。

（3）电动助力转向系统改装后，还应进行调试和转向角度标定，才能进行测试。

2-11 工作页："原车转向系统的拆卸"工作页

一、任务准备

（1）操作设备：巴哈赛车。

（2）工具／仪器：常用拆装工具套装、螺丝刀套装、角磨机等。

（3）人员分工：组长1名，记录人员1名，检验人员1名，操作人员若干。以上人选角色可通过选举、抓阄及老师指定等方式来担任，通过多个任务的训练，争取让每个学生轮流担任每个角色，以提升学生自身综合能力。

（4）实训场地：智能网联无人驾驶电动赛车实训室。

二、原车转向系统拆卸前注意事项

（1）标杆车必须置于水平地面。

（2）标杆车四轮胎压必须达到标准胎压要求。

（3）标杆车必须处于无负载状态。

（4）标杆车前轮和转向盘必须摆正。

三、任务实施

参照以下操作步骤进行原车转向系统拆卸技能训练。

拆装前防护

个人防护：操作人员需要穿戴工作服和防护手套。

整车防护：车内部需要铺上转向盘套、座椅套和脚垫，车外部需要铺上防护垫。

原车转向系统拆卸	
（1）取下钥匙，断开低压蓄电池负极，等待1 min。	（2）拆卸转向盘：使用 WT5 套筒，对转向盘的6颗固定螺栓进行拆卸，并将转向盘取下。

（3）拆卸转向连接杆：使用 13 mm 套筒，先拆卸转向盘端固定螺栓，再拆卸转向机总成端固定螺栓，然后将转向连接杆取下。	（4）使用角磨机进行转向盘支架切割。
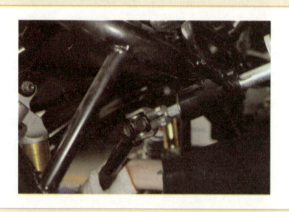	
（5）使用角磨机打磨平整切割处。	

四、任务评价

完成实训任务后，对任务完成情况进行评价。

2-12 工作页："电动助力转向系统的加装"工作页

一、任务准备

（1）操作设备：巴哈赛车。

（2）工具/仪器:常用拆装工具套装、螺丝刀套装、水平测试仪、卷尺、直角尺、角磨机、焊接工具、喷漆工具、打孔工具、线束焊接工具等。

（3）人员分工：组长1名，记录人员1名，检验人员1名，操作人员若干。以上人选角色可通过选举、抓阄及老师指定等方式来担任，通过多个任务的训练，争取让每个学生轮流担任每个角色，以提升学生自身综合能力。

（4）实训场地：智能网联无人驾驶电动赛车实训室。

二、原车转向系统加装前注意事项

（1）标杆车必须置于水平地面。

（2）标杆车四轮胎压必须达到标准胎压要求。

（3）标杆车必须处于无负载状态。

（4）标杆车前轮必须摆正。

三、任务实施

参照以下操作步骤进行电动助力转向系统加装技能训练。

加装前防护
个人防护：操作人员需要穿戴工作服和防护手套。 整车防护：车内部需要铺上转向盘套、座椅套和脚垫，车外部需要铺上防护垫。

电动助力转向系统加装	
（1）转向助力电机总成固定支架焊接位置确定：测量仪表台中间位置尺寸和驾驶员座椅中间位置尺寸，然后用仪表台中间位置尺寸减去驾驶员座椅中间位置尺寸，得出仪表台下方焊接固定支架位置，并做上标记。	（2）设计制作转向助力电机总成固定支架：根据安装位置及转向助力电机总成的固定需求进行设计，留出3个固定螺栓及花键伸出位置。确定转向助力电机总成和固定支架相匹配。

（3）设计制作转向盘固定支架：切割并恰当保留转向盘连接处，制作转向助力电机总成的花键连接及固定部分，然后进行焊接。确定转向助力电机总成花键和固定支架相匹配。

（4）转向助力电机总成固定支架焊接角度测量：必须保证固定支架安装转向盘后，和原车转向盘倾斜角度基本保持一致，倾斜角度为63°±1°。

（5）对转向助力电机总成固定支架进行焊接、打磨、喷漆。

（6）安装转向助力电机总成：使用M8工具紧固3颗固定螺栓，把转向助力电机总成固定在支架上。

（7）安装转向盘固定支架：将其连接在转向助力电机总成的花键上，然后用M8螺丝进行固定。

注意：由于转向盘固定支架的初始位置决定转向盘的初始位置，所以要将转向盘固定支架固定在转向盘摆正位置。

（8）安装转向盘：使用WT5套筒，对转向盘的6颗固定螺栓进行固定。

（9）安装转向连接杆：使用 13 mm 套筒，安装转向盘端固定螺栓，再安装转向机总成端固定螺栓。

（10）安装电动助力转向系统控制器固定支架：该控制器不能放置于潮湿、高温的地方，且应选择方便拆装、接插器容易插拔、小于对应线束长度的位置，所以选择在仪表台下方进行安装。

按照固定支架两个固定孔间的距离，进行打孔，然后使用 M3 六角扳手，将固定支架的两个固定螺栓紧固。

（11）安装电动助力转向系统控制器：使用螺丝刀，将电动助力转向系统控制器的 4 颗固定螺栓紧固。

（12）线束布置：将电动助力转向系统控制器接插器的供电、搭铁、CAN 总线等线束，与它们对应的线束进行焊接处理（依据电路图），然后按照绪论的"知识点二 汽车智能化改装设计思路"中"改装线束设计"的要求，对电动助力转向系统的线束进行布置。

（13）连接电动助力转向系统控制器端的各接插器。

（14）连接计算平台端 CAN 接插器，然后进行紧固。

（15）安装低压蓄电池负极。

至此，电动助力转向系统改装完成，可撤除车外及车内防护设施。

四、任务评价

完成实训任务后，对任务完成情况进行评价。

二、电动助力转向系统的调试、标定及测试

1. 电动助力转向系统的调试

2-13 工作页："电动助力转向系统的通信调试"工作页

一、任务准备

（1）操作设备：巴哈赛车。

（2）人员分工：组长 1 名，记录人员 1 名，检验人员 1 名，操作人员若干。以上人选角色可通过选举、抓阄及老师指定等方式来担任，通过多个任务的训练，争取让每个学生轮流担任每个角色，以提升学生自身综合能力。

（3）实训场地：智能网联无人驾驶电动赛车实训室。

二、电动助力转向系统通信调试的目的

确认电动助力转向系统控制器和计算平台可以进行正常通信。

三、需要进行电动助力转向系统通信调试的情况

（1）更换电动助力转向系统控制器后（包含原车部件拆装的情况）。

（2）更换计算平台后（包含原车部件拆装的情况）。

（3）更换整车控制器后（包含原车部件拆装的情况）。

（4）电动助力转向系统相关故障检测时。

四、电动助力转向系统通信调试前注意事项

（1）若新计算平台未进行过 CAN0 口配置，则无法进行相关系统通信调试，必须先进行计算平台 CAN0 口配置，详见"计算平台 CAN 口的配置"工作页。

（2）线控驱动系统的通信调试已完成。

五、任务实施

实训：电动助力转向系统的通信调试	
（1）将整车打到 ON 挡，然后将自动驾驶系统电源打到 ON 挡。整个过程必须保证整车电量充足。	（2）同时按住"Ctrl+Alt+T"键打开命令行，输入命令"sudo candump can0"，按回车键确定。
	**nvidia@tegra-ubuntu:~** nvidia@tegra-ubuntu:~\$ sudo candump can0
（3）输入管理员密码，密码是"nvidia"，密码输入时，输入的密码为不可显示状态。输入完毕后，按回车键即可。	（4）检查 CAN0 通信报文，是否含有电动助力转向系统"ID 0x111"，若检测到该 ID，并且报文能正常变化，说明通信正常，电动助力转向系统的通信调试成功。 　　若是配置激活后，仍未出现报文正常变化的"ID 0x111"，证明电动助力转向系统的通信调试失败，这说明问题可能出现在： 　　①电动助力转向系统控制器的供电端（包含线束和保险）。 　　②电动助力转向系统控制器的搭铁线束。 　　③电动助力转向系统控制器的 CAN 总线线路（CAN_H 或 CAN_L）。 　　④电动助力转向系统控制器本体软件及硬件部分。

nvidia@tegra-ubuntu:~
nvidia@tegra-ubuntu:~\$ sudo candump can0
[sudo] password for nvidia:
	`can0  18F  [8]  00 FD FF 00 00 00 1C 00`
	`can0  112  [8]  10 00 00 00 00 00 00 00`
	`can0  289  [8]  00 30 00 00 00 00 00 03`
	`can0  113  [8]  10 00 00 00 00 00 00 00`
	`can0  111  [8]  10 00 00 03 FD 55 00 00`
	`can0  289  [8]  00 30 00 00 00 00 00 04`

（5）关闭命令行，通信调试完成。	

六、任务评价

完成实训任务后，对任务完成情况进行评价。

2 电动助力转向系统的标定

2-14 工作页："转向角度标定"工作页

一、任务准备

（1）操作设备：巴哈赛车。

（2）工具／仪器：转向盘角度测量工具。

（3）人员分工：组长 1 名，记录人员 1 名，检验人员 1 名，操作人员若干。以上人选角色可通过选举、抓阄及老师指定等方式来担任，通过多个任务的训练，争取让每个学生轮流担任每个角色，以提升学生自身综合能力。

（4）实训场地：智能网联无人驾驶电动赛车实训室。

二、转向角度标定的目的

在转向角度标定时，必须使用转向盘角度测量工具，保证实际车辆上的转向盘角度为 0°，然后再进行标定确定。

转向角度标定可以确保电动助力转向系统控制器对 0° 的识别，和实际车辆上转向盘 0° 位置处于一致状态，使测得的数据和实际情况相符合。

若实际车辆上的转向盘角度已经被转到 60°，此时进行转向角度标定后，电动助力转向系统控制器会认为现在车辆上转向盘为 0° 位置，造成电动助力转向系统控制器对 0° 的识别和实际车辆上转向盘角度出现 60° 的巨大偏差，使自动驾驶功能出现巨大问题。

三、需要进行转向角度标定的情况

（1）安装全新电动助力转向系统控制器后。

（2）更换转向助力电机总成后（包含原车部件拆装的情况）。

（3）更换转向盘、转向连接杆、转向机总成等相关部件后。

四、转向角度标定前注意事项

（1）标杆车必须置于水平地面。

（2）标杆车四轮胎压必须达到标准胎压要求。

（3）标杆车必须处于无负载状态。

（4）标杆车两前转向轮和转向盘必须摆正。

五、任务实施

转向角度标定	
（1）将整车打到 ON 挡，然后将自动驾驶系统电源打到 ON 挡。整个过程必须保证整车电量充足。	（2）打开自动驾驶软件，单击"底盘线控系统"图标，选择"转向角度标定"选项。
	底盘线控系统　　整车综合测试系统　　环境感知系统　　自动驾驶决策系统
（3）使用转向盘角度测量工具，调整转向盘至 0° 位置。	（4）单击"标定"按钮，电动助力转向系统控制器记录此时的转向盘角度为 0°。

（5）标定完成，退出自动驾驶软件。

六、任务评价

完成实训任务后，对任务完成情况进行评价。

3 电动助力转向系统的测试

1）电动助力转向系统的动作执行测试

电动助力转向
系统的动作
执行测试

2-15 工作页："电动助力转向系统的动作执行测试"工作页

一、任务准备

（1）操作设备：测试车辆（巴哈赛车）。

（2）人员分工：组长1名，记录人员1名，检验人员1名，操作人员若干。以上人选角色可通过选举、抓阄及老师指定等方式来担任，通过多个任务的训练，争取让每个学生轮流担任每个角色，以提升学生自身综合能力。

（3）实训场地：智能网联无人驾驶电动赛车实训室。

二、电动助力转向系统动作执行测试的目的

确认计算平台可以通过电动助力转向系统控制器，控制转向助力电机总成进行相应转向动作。

三、需要进行电动助力转向系统动作执行测试的情况

（1）安装全新电动助力转向系统控制器后。

（2）更换转向助力电机总成后（包含原车部件拆装的情况）。

（3）转向角度标定后。

（4）安装全新计算平台后。

（5）更换整车控制器后（包含原车部件拆装的情况）。

（6）电动助力转向系统相关故障检测时。

四、电动助力转向系统动作执行测试前注意事项

（1）因为电动助力转向系统控制器在未进行转向角度标定前，无法判断准确的转向盘0°位置，所以必须在转向角度已经标定后才能进行动作执行测试。

（2）电动助力转向系统的通信调试已完成。

（3）线控驱动系统的通信调试已完成。

五、任务实施

参照以下操作步骤进行电动助力转向系统的动作执行测试技能训练。

（1）将整车打到ON挡，然后将自动驾驶系统电源打到ON挡。整个过程必须保证整车电量充足。

（2）打开自动驾驶软件，选择"底盘线控系统"图标，然后选择"转向系统动作执行测试|十进制"或者"转向系统动作执行测试|十六进制"选项。

（3）在"转向系统动作执行测试|十进制"或者"转向系统动作执行测试|十六进制"下，根据想要执行的转向方向和角度，输入转向报文。

转向盘转向角度为 −170° ~ +170°，转向报文对应十进制为 −170 ~ +170（左转为负，右转为正）；转向盘转向角度为 0° ~ 170°，转向报文对应十六进制为 0（高位 00，低位 00）~ AA（高位 00，低位 AA）。可另外使用进制转换程序，进行十进制和十六进制间转换，根据左转为负，右转为正，当需要左转时选中"负数"复选框即可，填写时不用输入十六进制前缀"0x"。

（4）当需要转向盘左转 30° 时，转向报文对应十进制输入"−30"；转向报文对应十六进制，"高位"输入"00"，"低位"输入"1E"，选中"负数"复选框；然后单击"发送转向报文"按钮，此时观察转向盘，转向盘左转。

当需要转向盘右转 30° 时，转向报文对应十进制输入"30"；转向报文对应十六进制，"高位"输入"00"，"低位"输入"1E"；然后单击"发送转向报文"按钮，此时观察转向盘，转向盘右转。

转向盘可以顺畅进行相应动作，说明转向系统动作执行测试成功。

若转向盘动作不正常，则转向系统动作执行测试失败，这说明问题可能出现在：

①转向角度标定。

②转向助力电机总成本体。

③电动助力转向系统控制器本体（包含其内部程序）。

④电动助力转向系统机械部分。

若转向盘无任何动作，这说明问题可能出现在：

①转向助力电机总成或电动助力转向系统控制器的相关线束。

②转向助力电机总成本体。

③电动助力转向系统控制器本体（包含其内部程序）。

④自动驾驶软件。

（5）关闭自动驾驶软件，动作执行测试完成。

六、任务评价

完成实训任务后，对任务完成情况进行评价。

2）电动助力转向系统的道路测试

电动助力转向系统道路测试场景主要为车辆转弯道路测试场景，以人工驾驶测试为主。

车辆转弯道路测试场景：测试场景内主要包括可转弯道路、测试车辆等，测试场景具体要求如表 2-7 所示。

表 2-7　车辆转弯道路测试场景

测试道路	车道宽	测试车辆最高速度
至少包含一条可转弯道路	3~5 m	15 km/h

2-16 工作页："车辆转弯道路测试"工作页

一、任务准备

（1）操作设备：巴哈赛车。

（2）工具 / 仪器：GPS 车速表（也可使用手机下载测量车速的 APP 进行测量）。

（3）人员分工：组长 1 名，记录人员 1 名，检验人员 1 名，测试人员若干。以上人选角色可通过选举、抓阄及老师指定等方式来担任，通过多个任务的训练，争取让每个学生轮流担任每个角色，以提升学生自身综合能力。

（4）实训场地：车辆转弯道路测试场景。

二、车辆转弯道路测试的目的

确认测试车辆在改装电动助力转向系统后可以进行正常的转向。

三、需要进行车辆转弯道路测试的情况

（1）电动助力转向系统改装后。

（2）电动助力转向系统性能试验时。

（3）电动助力转向系统重要部件更换后，如电动助力转向系统控制器、转向助力电机总成、转向机总成等相关部件（包含原车部件拆装的情况）。

四、道路测试注意事项

（1）禁止恶劣天气时进行路测，例如雨、雪、冰雹、雾等天气。

（2）路测时必须保证测试场地路面水平整洁且附着力良好，没有斜坡、杂物、雨雪、积冰等状况。

（3）必须保证测试车辆载重在正常负荷范围内。

（4）必须保证测试车辆已完成电动助力转向系统的调试和标定。

（5）测试时必须注意打满转向后要尽量控制在 5 s 以内，不要短时间内来回打满的频次过高，否则会使电流瞬间过大引起元器件损伤，严重时直接使其损坏。

（6）必须保证测试车辆处于正常状态，例如胎压符合测试车辆正常标准、整车电量充足、电动助力转向系统自身无影响测试的故障等。

（7）测试人员进入车辆前，必须戴好防护头盔、护肘、护膝等安全护具。

（8）测试人员进入车辆后，必须首先系好安全带。

（9）特殊情况下，测试人员必须及时控制车辆，停止测试。

（10）测试过程中，不得出现测试以外人员，测试相关人员不得随意走动。

五、任务实施

参照以下操作步骤进行车辆转弯道路测试技能训练。

（1）预期速度分别设为 10 km/h 和 15 km/h（两种速度都必须测试）。同样，预期速度必须进行至少三次测试。按照"车辆转弯道路测试记录表"测试前记录的"预期速度"进行测试，并记录测试后"是否有转向助力"和"转向是否正常"情况于表中。

在整车处于 OFF 状态时，转动转向盘，可以感受到没有转向助力时的状态。

车辆转弯道路测试记录表

测试次数	预期速度/（km·h⁻¹）	是否有转向助力	转向是否正常
1			
2			
3			
4			
5			
6			
7			
8			
9			

（2）测试人员驾驶测试车辆，加速至预期车速。

（3）以预期车速直行一段时间到达转弯处，开始进行转向，完成转弯行驶一段时间后，结束测试。

（4）必须同时满足以下条件，才算测试成功；任何一项不满足，则代表测试失败，需要调整或更换电动助力转向系统（包含机械部分）相应部件。

①每次测试均有转向助力。

②直行速度为 10 km/h 时，连续三次测试，均能够正常进行左右转向。

③直行速度为 15 km/h 时，连续三次测试，均能够正常进行左右转向。

六、任务评价

完成实训任务后，对任务完成情况进行评价。

项目三

感知系统加装

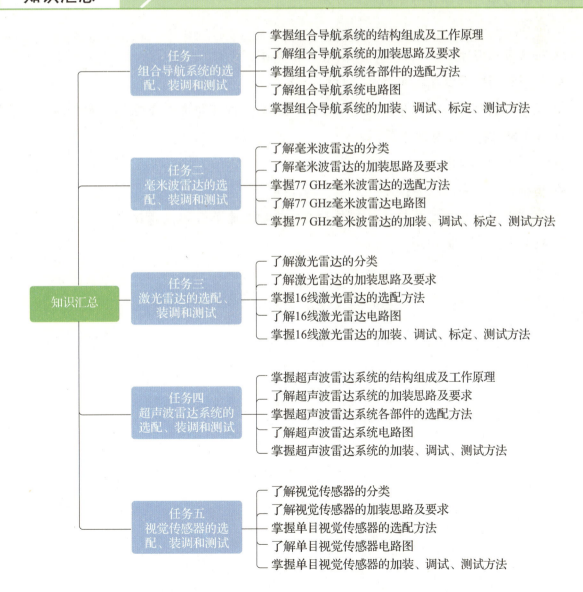

知识汇总

知识汇总

任务一
组合导航系统的选配、装调和测试
- 掌握组合导航系统的结构组成及工作原理
- 了解组合导航系统的加装思路及要求
- 掌握组合导航系统各部件的选配方法
- 了解组合导航系统电路图
- 掌握组合导航系统的加装、调试、标定、测试方法

任务二
毫米波雷达的选配、装调和测试
- 了解毫米波雷达的分类
- 了解毫米波雷达的加装思路及要求
- 掌握77 GHz毫米波雷达的选配方法
- 了解77 GHz毫米波雷达电路图
- 掌握77 GHz毫米波雷达的加装、调试、标定、测试方法

任务三
激光雷达的选配、装调和测试
- 了解激光雷达的分类
- 了解激光雷达的加装思路及要求
- 掌握16线激光雷达的选配方法
- 了解16线激光雷达电路图
- 掌握16线激光雷达的加装、调试、标定、测试方法

任务四
超声波雷达系统的选配、装调和测试
- 掌握超声波雷达系统的结构组成及工作原理
- 了解超声波雷达系统的加装思路及要求
- 掌握超声波雷达系统各部件的选配方法
- 了解超声波雷达系统电路图
- 掌握超声波雷达系统的加装、调试、测试方法

任务五
视觉传感器的选配、装调和测试
- 了解视觉传感器的分类
- 了解视觉传感器的加装思路及要求
- 掌握单目视觉传感器的选配方法
- 了解单目视觉传感器电路图
- 掌握单目视觉传感器的加装、调试、测试方法

学习目标 →

知识目标

✧ 了解感知系统各传感器的分类；

✧ 掌握感知系统各传感器的结构；

✧ 掌握感知系统各传感器的工作原理；

✧ 了解感知系统各传感器的电路图。

技能目标

✧ 了解感知系统各传感器的加装思路及要求；

✧ 掌握感知系统各传感器的选配方法；

✧ 掌握感知系统各传感器的加装方法；

✧ 掌握感知系统各传感器的调试方法；

✧ 掌握感知系统各传感器的标定方法；

✧ 掌握感知系统各传感器的测试方法。

素养目标

✧ 能够自觉遵守法律、法规以及技术标准规定；

✧ 能够和同学及教学人员建立良好的合作关系；

✧ 能够在实际操作过程中，培养动手实践能力，注重培养质量意识、安全意识、节能环保意识和规范操作等职业素养；

✧ 培养新时代爱国主义精神；

✧ 坚持矢志奋斗的理想；

✧ 养成良好的安全工作习惯，具备相应岗位职业素养和规范意识；

✧ 培养新时代工匠精神；

✧ 培养团队合作精神及合作意识；

✧ 培养自我发展、创新意识和能力。

任务一 组合导航系统的选配、装调和测试

📝 任务目标

◇ 掌握组合导航系统的结构组成；

◇ 掌握组合导航系统的工作原理；

◇ 了解组合导航系统的加装思路及要求；

◇ 掌握组合导航系统各部件的选配方法；

◇ 了解组合导航系统电路图；

◇ 掌握组合导航系统的加装方法；

◇ 掌握组合导航系统的调试方法；

◇ 掌握组合导航系统的标定方法；

◇ 掌握组合导航系统的测试方法。

📝 情境导入

小强是一名自动驾驶测试工程师，今天他在某测试场地进行自动驾驶测试时，发现智能网联汽车无法正常定位，他判断是组合导航系统出了问题，于是他进入组合导航系统，想查看相关数据，但发现无法进入该系统，经过检测发现组合导航系统的供电保险断了，然后他更换了保险，并继续进行了自动驾驶测试。

小强是怎样进入组合导航系统的呢？组合导航系统电路结构是怎样的呢？我们带着这些问题进行接下来的学习吧。

📝 应知应会

组合导航系统的加装选配 》》

I. 组合导航系统的结构与工作原理

组合导航系统是指将运载体上的两种或两种以上的导航设备组合在一起的导航系统。车载组合导航系统一般由全球导航卫星系统（GNSS）和惯性导航系统组成。全球导航卫星系统定位精度高，但其信号容易受制于环境的影响，如地下车库、隧道等情况，会使其完全无法进行定位。惯性导航系统不依赖于外部信息，但由于定位信息是通过对时间积分获得的，误差会随着时间的积累而增加，因此需要利用外部信息进行辅助矫正。二者融合可以克服它们各自的缺点，从而得到更精确的定位信息。

1）全球导航卫星系统（GNSS）

全球导航卫星系统一般由空中的卫星系统、地面的监控系统、用户的接收模块三大部分组成。

经典的全球导航卫星系统有中国的北斗卫星导航系统（BDS）、美国的全球卫星定位系统（GPS）、欧盟的伽利略卫星导航系统（GALILEO）、俄罗斯的格洛纳斯（GLONASS）等。下面以 GPS 结构为例进行介绍，如图 3-1 所示。

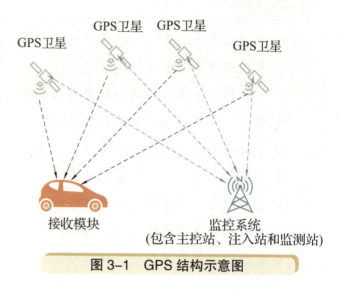

图 3-1　GPS 结构示意图

（1）卫星系统。

至今为止美国一共发射了 32 颗 GPS 卫星，其中一颗已经损坏，执行任务卫星有 24 颗，共计 6 个轨道，每 4 颗在一个轨道，保证全球都可以实现全面均匀覆盖。

（2）监控系统。

监控系统包括 1 个主控站、3 个注入站和 5 个监测站。

监测站：将取得的卫星观测数据，包括电离层和气象数据，经过初步处理后，传送到主控站。

主控站：从各监测站收集跟踪数据，计算出卫星的轨道和时钟参数，然后将结果送到 3 个注入站。主控站也可以向卫星发布指令，控制卫星，当卫星出现故障时，调度备用卫星。

注入站：负责把导航数据及主控站指令注入卫星。

（3）接收模块。

主要负责将接收到的卫星信息进行处理，提取出有用信息用以定位解算，实现导航定位的功能。

2）惯性导航系统

惯性导航系统主要由陀螺仪、加速度计、气压计、磁力计等组成。核心部分是以陀螺仪和加速度计为基础的导航参数解算系统，如图 3-2 所示。根据陀螺仪建立导航坐标系，根据加速度计计算出载体的速度和位置。

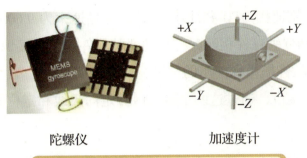

陀螺仪　　　　　　加速度计

图 3-2　惯性导航系统核心部分

2 组合导航系统的加装思路及要求

1）组合导航系统的加装思路

根据已选用的自动驾驶软件和计算平台，配置一套组合导航系统参与自动驾驶寻迹功能。

标杆车并未装备任何相关的感知传感器，现将其加装成可以由组合导航系统提供信号，经过计算平台接管整车，完成自动驾驶寻迹功能的车辆。

2）组合导航系统的要求

（1）组合导航系统必须提供精确的载体位置、航向等信息。

（2）组合导航系统的全球导航卫星系统部分，必须选用双天线系统，前方为定向天线，用于确定航向，后方为定位天线，用于确定车辆位置。

（3）组合导航系统各部件及线束，不会与周边零部件发生干涉现象。

（4）组合导航系统各部件的强度和刚度，必须满足各种工况要求。

（5）组合导航系统各电气部件，不得因电磁干扰而影响定位功能，并且必须满足 GB 34660—2017《道路车辆 电磁兼容性要求和试验方法》中的技术要求。

（6）组合导航系统可以和其他电器系统共用同一电源。

3 组合导航系统的选配

组合导航系统主要包括组合导航系统控制器、两个 GNSS 天线、DTU 及其天线、各部件附属接插器及线束等。

1）组合导航系统控制器

（1）全球导航卫星系统。

选配要求：

①定位精度：GNSS 单点定位 ≤ 5 m；

②数据更新率：1 Hz/5 Hz/10 Hz/100 Hz（可配置）。

（2）组合导航系统控制器接口。

车载组合导航系统常用的协议有串口、CAN 等协议。下面选择 RS232 串口协议为例进行讲解。

支持 2 路 RS232（分别连接 DTU 和计算平台），传输速率为 9 600~115 200 b/s（可配置）。其 RS232 协议必须和自动驾驶软件相匹配（自动驾驶软件能够直接识别控制器发送的信息并进行计算），为自动驾驶软件提供标杆车的位置、航向等信息。

支持两个 GNSS 天线接口，通过这两个接口区分定向天线和定位天线。

2）GNSS 天线

可以选用零件号一致的两个天线，天线必须和组合导航系统控制器配套。

3）DTU 及其天线

选配要求：

（1）网络：可支持 2G、3G、4G 网络。

（2）DTU 和其天线必须配套。

（3）DTU 和组合导航系统控制器必须配套。

4）各部件附属接插器及线束

由于标杆车没有组合导航系统，所以直接使用组合导航系统控制器、GNSS 天线、DTU 及其天线附带的接插器及线束即可（若没有附带，则须自行适配），对应计算平台 RS232 接口的接插器，必须进行单独适配。

接下来，以符合所有选配要求的组合导航系统为例，进行加装、调试、标定、测试。

 技能实训

一、组合导航系统的加装方法

1. 组合导航系统的电路分析

所选用的组合导航系统的工作过程：将整车打到 ON 挡，然后将自动驾驶系统电源打到 ON 挡，组合导航系统控制器开始根据两个 GNSS 天线，解算标杆车的定位信息，并把这些信息通过 RS232 串口数据线发送至 DTU，DTU 通过 4G 天线发给基准站，基准站收到信息后进行修正，并将修正后的信息发送回 DTU（仍由 4G 天线负责接收），DTU 把这些修正信息通过串口数据线发送到组合导航系统控制器，经过处理后得到最终的定位信息，并通过 RS232 串口数据线发送给计算平台（计算平台的 TX 和 RX，对应组合导航系统控制器的 RX 和 TX）。

创建地图：计算平台通过组合导航系统提供的车辆行驶轨迹，进行地图创建。

自动驾驶寻迹功能：计算平台结合组合导航系统提供的定位信息，按照所选择的地图进行行驶。

组合导航系统电路图如图 3-3 所示。

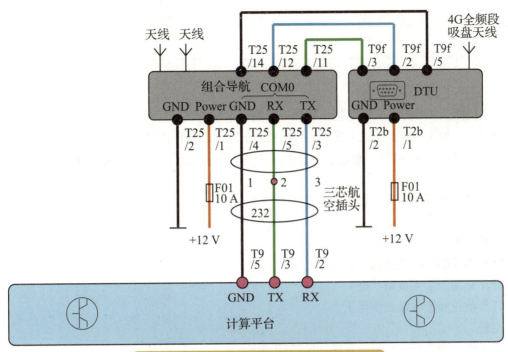

图 3-3　组合导航系统电路图

2 组合导航系统的加装

一、实训规则

1. 目的

为了规范实训教学，保证学生的安全，为实训教学提供一个良好的学习环境，使实训教学有组织、有纪律、高质量地进行，特制定本规则。

2. 规则

（1）学生实训前必须将劳保用品穿戴整齐，做好准备工作准时上课。

（2）学生不得擅自离开实训岗位、实训场所。有事要请假，返回岗位时应向老师报告，进行销假，未经实训老师允许不得调换岗位和设备，更不允许乱动设备。

（3）学生必须严格遵守安全技术操作规程。

（4）认真学习，虚心接受实训老师的指导，按时按课题完成实训任务，确保实训质量，不断提高操作技能技巧。

（5）爱护公共设施和设备、工具、材料等，不准做私活，更不允许私拿公物，如丢失和损坏，按照相关制度赔偿。

（6）学生进入实训场地后，不准嬉笑打闹，更不允许动用实训工具、材料进行打闹，要做到文明礼貌。

（7）学生在实训中要按照学校安排积极参加建校劳动和生产劳动。

（8）学生在实训场地和教室要做到"六无"，即无烟头、无碎纸、无痰迹、无饭菜、无瓜果皮核、无乱写乱画。

（9）下课前将自己所用的设备、工具、材料整理并归位，清理卫生，切断电源，经实训老师同意后方可离开实训场所。

二、实训注意事项

（1）在对组合导航系统进行加装前，需要佩戴棉线防护手套，以保护手部，防止刮伤。

（2）在使用扳手加装组合导航系统螺栓时，要选择合适大小的扳手，否则容易损坏螺栓棱角。

（3）组合导航系统装配后，还应进行调试和标定，才能进行测试。

3-1 工作页："组合导航系统的加装"工作页

一、任务准备

（1）操作设备：巴哈赛车。

（2）工具 / 仪器：常用拆装工具套装、螺丝刀套装、水平测试仪、卷尺、打孔工具等。

（3）人员分工：组长 1 名，记录人员 1 名，检验人员 1 名，操作人员若干。以上人选角色可通过选举、抓阄及老师指定等方式来担任，通过多个任务的训练，争取让每个学生轮流担任每个角色，以提升学生自身综合能力。

（4）实训场地：智能网联无人驾驶电动赛车实训室。

二、组合导航系统安装前注意事项

（1）标杆车必须置于水平地面。

（2）标杆车四轮胎压必须达到标准胎压要求。

（3）标杆车必须处于无负载状态。

（4）标杆车前轮和转向盘必须摆正。

三、任务实施

参照以下操作步骤进行组合导航系统加装技能训练。

加装前防护

个人防护：操作人员需要穿戴工作服和防护手套。

整车防护：车内部需要铺上转向盘套、座椅套和脚垫，车外部需要铺上防护垫。

组合导航系统加装

（1）取下钥匙，断开低压蓄电池负极，等待 1 min。

（2）定向天线安装位置测量：因为组合导航系统控制器需要与定位天线和定向天线在同一垂直平面内，且 GNSS 天线置于车辆的最高处可以保证其更好地接收信号，所以定向天线安装在车顶前上方中间位置，测量前横梁宽度除以 2 就是中间位置，用记号笔画上标记。

注意：顶部中间横梁预留给激光雷达加装。

（3）定位天线安装位置测量：因为组合导航系统控制器需要与定位天线和定向天线在同一垂直平面内，且GNSS天线置于车辆的最高处可以保证其更好地接收信号，所以定位天线安装在车顶后上方中间位置，测量后横梁宽度除以2就是中间位置，用记号笔画上标记。

（4）组合导航系统控制器在控制板平台安装位置测量：因为组合导航系统控制器需要与定位天线和定向天线在同一垂直平面内，所以组合导航系统控制器要安装在车辆后方中心位置，并用记号笔画上标记。

（5）设计制作定向天线固定支架：根据安装位置及GNSS天线的固定需求进行设计，留出4个固定螺栓及GNSS天线接插器位置。

注意：由于定向天线固定支架位置靠前，且位置类似传统车辆前风挡玻璃顶部，所以制作固定支架时顺便为视觉传感器留出加装位置。

（6）设计制作定位天线固定支架：根据安装位置及GNSS天线的固定需求进行设计，留出4个固定螺栓及GNSS天线接插器位置。确定GNSS天线和两个固定支架相匹配。

（7）安装定向天线固定支架：根据测量的前横梁中间位置，同时满足支架和地面保持水平的位置（使用水平测试仪确定），确定两个固定螺栓安装位置，并进行打孔，然后用M3六角扳手紧固定向天线固定支架。

（8）安装定位天线固定支架：根据测量的后横梁中间位置，同时满足支架和地面保持水平的位置（使用水平测试仪确定），确定两个固定螺栓安装位置，并进行打孔，然后用M3六角扳手紧固定位天线固定支架。

（9）安装定向天线：使用 M10 扳手对 4 颗固定螺母进行紧固。

（10）安装定位天线：使用 M10 扳手对 4 颗固定螺母进行紧固。

（11）安装组合导航系统控制器：测量组合导航系统控制器，画出其自身中心位置。再根据前面测量的组合导航系统控制器在控制板平台安装位置，对 4 个固定螺栓安装位置做出标记并打孔，然后用 M3 内六角扳手安装组合导航系统控制器。

注意：组合导航系统控制器接插器端应朝向车辆尾部。

（12）安装 DTU：在控制板平台上组合导航系统控制器旁边，标记并制作 DTU 固定螺栓孔位，然后用 M3 内六角扳手安装 DTU。

（13）安装 DTU 天线：将 DTU 天线置于车辆的最高处，可以保证其更好地接发信号，所以将其安装在顶部横梁上。

（14）线束布置：将组合导航系统控制器接插器的供电、搭铁、RS232 串口数据线等线束，与它们对应的线束进行焊接处理（依据电路图），然后按照绪论的"知识点二 汽车智能化改装设计思路"中"改装线束设计"的要求，对组合导航系统的线束进行布置。

注意：计算平台的 TX 和 RX，对应组合导航系统控制器的 RX 和 TX。

（15）连接 DTU 端数据接插器。	（16）连接 DTU 端天线接插器，然后进行紧固。

（17）连接 DTU 端电源接插器。	（18）连接组合导航系统控制器端定向天线与定位天线接插器，然后进行紧固。 注意：定向天线和定位天线的零件号及接插器基本一致，主要以组合导航系统控制器端 GNSS 天线接口安装位置做区分，左侧（FRONT）为定向天线，右侧（BACK）为定位天线，切勿装反。

（19）连接组合导航系统控制器端主接插器，然后进行紧固。	（20）连接定位天线端接插器。
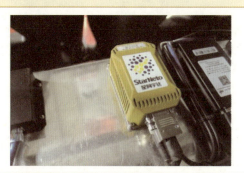	
（21）连接定向天线端接插器。	（22）连接组合导航系统控制器和 DTU 电源，对应的保险丝盒 FL1 输出端，然后安装其保险丝。
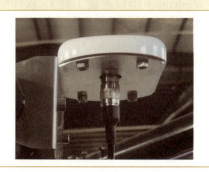	

（23）连接计算平台端 RS232 接插器，然后进行紧固。 注意：要记好插在计算平台 RS232_1 或 RS232_2 哪个接口，要输入对应的接口在计算平台中的名称，才能使计算平台和组合导航系统通信，详见"计算平台 RS232 端口的配置"。	（24）安装低压蓄电池负极。 至此，组合导航系统加装完成，可撤除车外及车内防护设置。
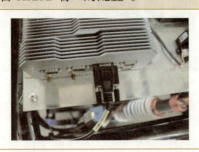	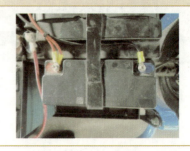

四、任务评价

完成实训任务后，对任务完成情况进行评价。

二、组合导航系统的调试、标定及测试

组合导航系统的调试

Ⅰ. 组合导航系统的调试

3-2 工作页："计算平台 RS232 端口的配置"工作页

一、任务准备

（1）操作设备：巴哈赛车。

（2）人员分工：组长 1 名，记录人员 1 名，检验人员 1 名，操作人员若干。以上人选角色可通过选举、抓阄及老师指定等方式来担任，通过多个任务的训练，争取让每个学生轮流担任每个角色，以提升学生自身综合能力。

（3）实训场地：智能网联无人驾驶电动赛车实训室。

二、计算平台 RS232 端口配置的目的

如果计算平台从未进行过两个 RS232 端口的配置，那么两个 RS232 端口都将处于未激活状态，导致计算平台上 RS232 两个接口都不工作，所以不配置直接进行通信调试会使调试失败。也就是说新计算平台必须进行 RS232 端口配置，才可以和组合导航系统控制器进行通信调试。

如果计算平台已进行过两个 RS232 端口配置，那么只有当前配置激活的 RS232 接口能工作，两个 RS232 端口无法同时工作。

如果组合导航系统已经连接的计算平台 RS232 接口，与"Minicom（串口通信工具）"软件配置好的接口不匹配，那么需要重新连接到计算平台的另一个 RS232 接口；或者通过软件配置激活当前连接的 RS232 接口。

注意：端口为软件层面概念（对应计算平台本体），不要和计算平台硬件上的接口弄混。

三、需要进行计算平台 RS232 端口配置的情况

（1）安装全新计算平台后。

（2）未进行过 RS232 端口配置的计算平台。

（3）需要进行计算平台两个 RS232 端口中特定端口配置。

四、任务实施

计算平台 RS232 端口的配置

（1）将整车打到 ON 挡，然后将自动驾驶系统电源打到 ON 挡。整个过程必须保证整车电量充足。

（2）同时按住"Ctrl+Alt+T"键打开命令行，输入命令"sudo minicom"或者"minicom"，按回车键确定，如需密码，输入"nvidia"后按回车键即可。然后按下"Ctrl+A"键同时再按"Z"键，出现"Minicom Command Summary"（串口通信工具命令概要）信息，用键盘输入对应字母可进入相应界面（A~Z 各自对应相应功能）。

（3）按照英文提示，直接敲击键盘上的"O"键，进入"Configure Minicom"（配置串口通信工具）界面，然后用键盘上的方向键选择"Serial port setup"（串行端口设置）选项后按回车键。

（4）进入"Serial port setup"（串行端口设置）界面后，直接敲击键盘上"A"键进行串口修改，根据接插器实际安装位置，如果插在计算平台上 RS232_1 接口，则在 RS232 端口输入"/dev/ttyUART_232_1"；如果插在计算平台上 RS232_2 接口，则在 RS232 端口输入"/dev/ttyUART_232_2"。更改后按下两次回车键，返回上级菜单。

（5）选择"Save setup as dfl"（保存为默认配置）选项后，按下回车键进行配置保存。

（6）保存后，选择"Exit"（退出）选项，然后按下回车键退出。

（7）返回界面后，按下"Ctrl+A"键同时再按"X"键，进入"exit and reset"（退出并重置）界面，单击"Yes"按钮，按下回车键，退出Minicom，至此配置完成。确认RS232接插器插入配置好的RS232接口后，进行通信调试。

五、任务评价

完成实训任务后，对任务完成情况进行评价。

3-3 工作页："组合导航系统的通信调试"工作页

一、任务准备

（1）操作设备：巴哈赛车。

（2）人员分工：组长1名，记录人员1名，检验人员1名，操作人员若干。以上人选角色可通过选举、抓阄及老师指定等方式来担任，通过多个任务的训练，争取让每个学生轮流担任每个角色，以提升学生自身综合能力。

（3）实训场地：智能网联无人驾驶电动赛车实训室。

二、组合导航系统通信调试的目的

确认组合导航系统控制器和计算平台可以进行正常通信。

三、需要进行组合导航系统通信调试的情况

（1）更换组合导航系统控制器总成后（包含原车部件拆装的情况）。

（2）更换计算平台后（包含原车部件拆装的情况）。

（3）组合导航系统相关故障检测时。

四、组合导航系统调试前注意事项

若新计算平台未进行过RS232端口配置，则无法进行通信调试，必须先进行计算平台RS232端口配置，详见"计算平台RS232端口的配置"工作页。

五、任务实施

组合导航系统的通信调试

（1）将整车打到ON挡，然后将自动驾驶系统电源打到ON挡。整个过程必须保证整车电量充足。

（2）同时按住"Ctrl+Alt+T"键打开命令行，输入命令"sudo minicom"或者"minicom"，按回车键确定，如需要密码，则输入"nvidia"后按回车键即可。

查看是否能够正常接收到组合导航系统控制器的定位数据，显示以 \$GPFPD 开头的报文数据，说明组合导航系统的通信调试成功。

标准 GI 定位消息集数据格式：

\$GPFPD,GPSWeek,GPSTime,Heading,Pitch,Roll,Lattitude,Longitude,Altitude,Ve,Vn,Vu,Baseline,NSV1,NSV2,Status*cs<CR><LF>

其中 Status(* 前面两位）代表系统定位状态，车辆上电后会有一个定位的过程，1~2 min 后，才可以正常读取数据，如下表所示：

状态值	系统定位状态
4B	良好（误差范围为 –0.2~0.2 m）
45	一般（误差范围为 –1.0~1.0 m）
5B	一般（误差范围为 –2.0~2.0 m）
0C	代表无信号
其他	极差（GPS 定位异常，无法使用）

若是配置激活后，组合导航系统的通信调试仍旧失败，出现串口通信错误界面，这说明问题可能出现在：

①组合导航系统控制器的供电端（包含线束和保险）。

②组合导航系统控制器的搭铁线束。

③组合导航系统控制器的 RS232 串口数据线线路（TX 或 RX）。

④组合导航系统控制器本体软件及硬件部分。

⑤计算平台本体内部 RS232 相关软件及硬件部分。

⑥计算平台对应组合导航系统控制器的软件部分。

（3）关闭命令行，通信调试完成。

六、任务评价

完成实训任务后，对任务完成情况进行评价。

组合导航系统
的标定

2. 组合导航系统的标定

3-4 工作页："组合导航系统的标定"工作页

一、任务准备

（1）操作设备：巴哈赛车。

（2）工具 / 仪器：直角尺和卷尺。

（3）人员分工：组长 1 名，记录人员 1 名，检验人员 1 名，操作人员若干。以上人选角色可通过选举、抓阄及老师指定等方式来担任，通过多个任务的训练，争取让每个学生轮流担任每个角色，以提升学生自身综合能力。

（4）实训场地：智能网联无人驾驶电动赛车实训室。

二、组合导航系统标定的目的

由于 GNSS 定位天线与惯性导航系统（已集成在组合导航系统控制器内部），两者安装位置不重合，从而导致两者测量出的位置和速度信息出现不同，形成杆臂误差，所以必须进行组合导航系统标定，对杆臂误差进行补偿。

三、需要进行组合导航系统标定的情况

（1）更换组合导航系统控制器总成后（包含原车部件拆装的情况）。

（2）更换定位天线后（包含原车部件拆装的情况）。

（3）更换定位天线支架后（包含原车部件拆装的情况）。

（4）安装全新计算平台后。

四、组合导航系统标定前注意事项

（1）标杆车必须置于水平地面。

（2）标杆车四轮胎压必须达到标准胎压要求。

（3）标杆车必须处于无负载状态。

（4）标杆车前轮和转向盘必须摆正。

五、任务实施

组合导航系统的标定

测量方法：根据左手坐标系，以 GNSS 定位天线中心点坐标为参考坐标（如下图所示，X、Y、Z 轴箭头方向为正，箭头反方向为负）测量 X、Y、Z 三个方向上与组合导航系统控制器的杆臂误差，单位为 m。 因为设计及加装时已经确定 GNSS 定位天线与组合导航系统控制器的 X 方向位置在一个平面内，所以 X 方向的杆臂误差默认为 0 m。	（1）用直角尺和卷尺测量 GNSS 定位天线中心点与组合导航系统控制器中心点的 Y 方向位置，然后记录在 Y 方向测得的杆臂误差结果。
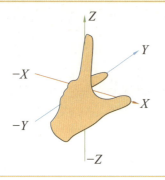	

（2）用直角尺测量 GNSS 定位天线中心点与组合导航系统控制器的 Z 方向位置，然后记录在 Z 方向测得的杆臂误差结果。

（3）将整车打到 ON 挡，然后将自动驾驶系统电源打到 ON 挡。整个过程必须保证整车电量充足。

（4）打开自动驾驶软件，选择"整车综合测试系统"中的"RS232 端口配置"，在"RS232 端口号配置"栏中选择已完成配置的端口，并确认对应的计算平台 RS232 接口已插入接插器，ttyTHS1 对应计算平台上 RS232_1 接口；ttyUSB1 对应计算平台上 RS232_2 接口。"波特率设置"选择"115200"。然后单击"RS232 端口激活"按钮，在弹出的提示框中单击"OK"按钮。

（5）选择"整车综合测试系统"中的"组合导航系统标定"，输入相关数据。

测量后杆臂误差"X"：将"0"手动输入。

测量后杆臂误差"Y"：将记录的测量距离结果手动输入。

测量后杆臂误差"Z"：将记录的测量距离结果手动输入。

注意：由于以 GNSS 定位天线中心点坐标为参考坐标，所以 Y 和 Z 方向 GNSS 定位天线中心点与组合导航系统控制器的杆臂误差，填入的测量结果应为负数。

（6）填写完毕后，单击"标定"按钮，标定完成后，退出自动驾驶软件。

六、任务评价

完成实训任务后，对任务完成情况进行评价。

③ 组合导航系统的测试

3-5 工作页："创建地图测试"工作页

一、任务准备

（1）操作设备：测试车辆（巴哈赛车）。

（2）工具/仪器：GPS 车速表（也可使用手机下载测量车速的 APP 进行测量）。

（3）人员分工：组长 1 名，记录人员 1 名，检验人员 1 名，测试人员若干。以上人选角色可通过选举、抓阄及老师指定等方式来担任，通过多个任务的训练，争取让每个学生轮流担任每个角色，以提升学生自身综合能力。

（4）实训场地：自动驾驶寻迹测试场景（详见"项目四 整车综合测试"中"自动驾驶寻迹测试场景设计"）。

二、创建地图测试的目的

确认测试车辆在加装组合导航系统后，可以创建地图并完成测试车辆定位。

三、需要进行创建地图测试的情况

（1）组合导航系统加装后。

（2）组合导航系统性能试验时。

（3）组合导航系统重要部件更换后，如组合导航系统控制器、DTU、定向天线、定位天线（包含原车部件拆装的情况）更换后。

（4）安装全新计算平台后。

四、测试注意事项

（1）禁止恶劣天气时进行路测，例如雨、雪、冰雹、雾等天气。

（2）路测时必须保证测试场地路面水平整洁且附着力良好，没有斜坡、杂物、雨雪、积冰等状况。

（3）必须保证测试车辆载重在正常负荷范围内。

（4）必须保证测试车辆已完成组合导航系统的调试和标定。

（5）必须保证测试车辆处于正常状态，例如胎压符合测试车辆正常标准、整车电量充足、组合导航系统无影响测试的故障等。

（6）创建地图过程中请勿进行倒车操作，否则会影响地图录制。

（7）测试人员进入车辆前，必须戴好防护头盔、护肘、护膝等安全护具。

（8）测试人员进入车辆后，必须首先系好安全带。

（9）特殊情况下，测试人员必须及时控制车辆，停止测试。

（10）测试过程中，不得出现测试以外人员，测试相关人员不得随意走动。

（11）避免在严重影响车辆差分定位信号的区域进行测试，如高楼大厦密集的区域、有严重电磁干扰的区域、隧道及山区。

五、任务实施

参照以下操作步骤进行创建地图测试技能训练。

（1）将测试车辆人工驾驶至测试地图的测试起点位置，调整测试车辆位置，使其和即将行驶的方向保持一致，并回正转向盘。将整车打到 ON 挡，然后将自动驾驶系统电源打到 ON 挡。

（2）打开自动驾驶软件，选择"整车综合测试系统"中的"RS232 端口配置"，在"RS232 端口号配置"栏中选择已完成配置的端口，并确认对应的计算平台 RS232 接口已插入接插器，ttyTHS1 对应计算平台上 RS232_1 接口；ttyUSB1 对应计算平台上 RS232_2 接口。"波特率设置"选择"115200"。然后单击"RS232 端口激活"按钮，在弹出的提示框中单击"OK"按钮。

（3）选择"整车综合测试系统"中的"创建寻迹地图"，确定"车辆差分定位信号状态"为一般或良好后，选择"寻迹地图名称"，自定义一个名称，手动输入，然后单击"录制"按钮。

注意：如果"车辆差分定位信号状态"为极差，需退出自动驾驶软件。首先，确定 DTU 中是否安装有移动（公司）的 SIM 卡；其次，确定 SIM 卡是否欠费；最后，检查是否已绑定，并激活相关账号。

如果以上都没有问题，这说明问题可能出现在：
① 周边环境干扰。
② GNSS 天线或其线束。
③ 组合导航系统控制器。

（4）测试人员以 5 km/h 驾驶测试车辆，行驶一段时间后停车，然后单击"保存"按钮。至少创建三个地图进行测试比对。

注意：录制地图时，车速越快，地图路径点数越分散；车速越慢，地图路径点数越密集。所以建议录制地图时的车速在 5 km/h 左右。

（5）选择"整车综合测试系统"中的"配置寻迹地图"，单击"选择"按钮，查找到自定义名称的地图后，单击"Open"按钮，回到"配置寻迹地图"界面，然后单击"生成寻迹路径"按钮，并在地图可视化界面中进行比对。

在地图中每个颜色代表的含义不同，具体如下：
① 绿色：路径点在直道行驶路径上。
② 黑色：路径点在弯道行驶路径上。
③ 红色：地图上测试车辆当前的位置。
④ 蓝色：地图上测试车辆行驶的目标点，红色将会跟随蓝色行驶。
⑤ 紫色：地图的测试终点位置。

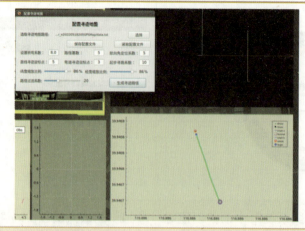

（6）必须同时满足以下条件，才算测试成功；任何一项不满足，则代表测试失败，需要调整或更换组合导航系统相应部件。

①连续三次测试创建的地图和实际行进路线均相符。

②连续三次测试创建的地图中，测试车辆当前的位置及测试终点位置和实际位置均相符。

（7）测试成功后，关闭自动驾驶软件，测试结束。

六、任务评价

完成实训任务后，对任务完成情况进行评价。

任务二　毫米波雷达的选配、装调和测试

任务目标

◇ 了解毫米波雷达的分类；

◇ 了解毫米波雷达的加装思路及要求；

◇ 掌握 77 GHz 毫米波雷达的选配方法；

◇ 了解 77 GHz 毫米波雷达电路图；

◇ 掌握 77 GHz 毫米波雷达的加装方法；

◇ 掌握 77 GHz 毫米波雷达的调试方法；

◇ 掌握 77 GHz 毫米波雷达的标定方法；

◇ 掌握 77 GHz 毫米波雷达的测试方法。

✏ **情境导入**

　　小伟是一个熟练的 ADAS 改装技师，今天他接到的任务是给一辆汽车加装毫米波雷达，他根据任务要求选择了 77 GHz 的毫米波雷达，并进行了加装、调试、标定、测试，顺利地完成了工作任务。

　　小伟为什么最终选择了 77 GHz 的毫米波雷达？加装、调试、标定、测试都有哪些步骤？我们带着这些问题进行接下来的学习吧。

✏ **应知应会**

毫米波雷达的加装选配 》》

Ⅰ. 毫米波雷达的分类

　　毫米波是指 30~300 GHz（波长为 1~10 mm），波长介于微波和厘米波之间的电磁波。毫米波雷达（Radar）可以测量其所在高度的平面内，目标物体的距离、方位角、速度信息。

　　车载毫米波雷达分类较为多样，按照调频方式可分为脉冲方式以及连续波方式两种；按照探测距离可分为近程雷达（SRR）、中程雷达（MRR）、远程雷达（LRR）；按照频率可分为 24 GHz、77 GHz、79 GHz 三种，其中 24 GHz 毫米波雷达和 77 GHz 毫米波雷达，是最常见的两种频率的雷达。接下来以 24 GHz 毫米波雷达和 77 GHz 毫米波雷达作为重点进行介绍。

1）24 GHz 毫米波雷达

　　24 GHz 毫米波雷达的波长是 1.25 cm，波长虽大于 1 cm，但业内依然称其为毫米波雷达。24 GHz 毫米波雷达通常用作近程雷达（SRR）和中程雷达（MRR），探测距离小于 70 m，如图 3-4 所示。

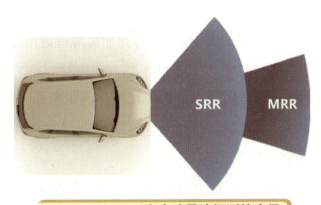

图 3-4　24 GHz 毫米波雷达探测的应用

　　优点：24 GHz 毫米波雷达拥有成熟的产品技术和供应链体系，成本较低。

缺点：24 GHz雷达因为波长的原因，天线体积相对较大。

2）77 GHz毫米波雷达

77 GHz毫米波雷达的波长是3.9 mm，是真正意义上的毫米波，应用于中程探测雷达（MRR）和远程雷达（LRR），探测距离可达170 m。77 GHz毫米波雷达的探测范围如图3-5所示。

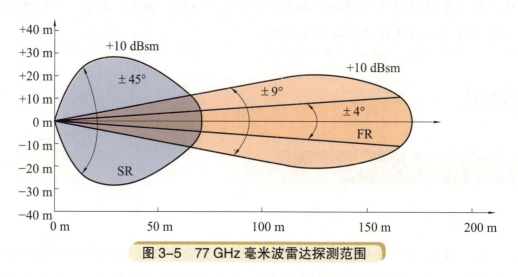

图3-5　77 GHz毫米波雷达探测范围

优点：与24 GHz毫米波雷达相比，77 GHz毫米波雷达可将速度分辨率和精度提高3倍，并且测量距离更远。77 GHz毫米波雷达的主要优势之一就是尺寸可以制作更小，更适合装配于车上的狭小位置（如前后保险杠内）。

缺点：77 GHz毫米波雷达对制造加工工艺要求较高，所以相较于24 GHz毫米波雷达，成本较高。

2　毫米波雷达的加装思路及要求

1）毫米波雷达的加装思路

根据已选用的自动驾驶软件和计算平台，配置一个毫米波雷达即可，其主要参与ACC和AEB功能。

标杆车并未装备任何相关的感知传感器，现将其加装成可以由毫米波雷达提供信号，经过计算平台接管整车，完成ACC和AEB功能的车辆。

由于ACC功能对探测距离有一定要求，所以选用探测距离远、探测精度高的77 GHz毫米波雷达。

2）77 GHz毫米波雷达的要求

（1）77 GHz毫米波雷达必须实现10 km/h下，ACC和AEB功能要求的水平及速度探测能力。

（2）77 GHz毫米波雷达必须实现10 km/h下，ACC和AEB功能要求的目标物体的距离、方位角、速度识别精度，目标的准确上报率不低于90%。

（3）77 GHz毫米波雷达及线束，不会与周边零部件发生干涉现象。

（4）77 GHz毫米波雷达的强度和刚度，必须满足各种工况要求。

（5）77 GHz毫米波雷达不得因电磁干扰而影响探测功能，且必须满足GB 34660—2017《道路车辆 电磁兼容性要求和试验方法》中的技术要求。

（6）77 GHz毫米波雷达可以和其他电器系统共用同一电源。

3. 77 GHz毫米波雷达的选配

选配要求：

（1）近距扫描方位角（毫米波雷达所在高度，平面内的探测范围）：≥ ±45°。

（2）最大测程：≥ 170 m。

（3）通过总线接口可输出最多50个跟踪目标。

（4）需由稳压器、CAN收发器、输入处理电路、输出电路、微处理器和电源电路等组成，拥有自诊断、失效保护、CAN通信等功能。其CAN总线协议必须和自动驾驶软件相匹配（自动驾驶软件能够直接识别毫米波雷达发送的信息并进行计算），为自动驾驶软件提供目标物体的距离、方位角、速度信息。

（5）由于标杆车没有毫米波雷达，所以直接使用毫米波雷达附带的接插器及线束即可（若没有附带，则需要自行适配）。

注意：毫米波雷达不要和底盘线控系统共用一路CAN总线。

接下来，以符合所有选配要求的77 GHz毫米波雷达为例，进行加装、调试、标定、测试。

技能实训

一、77 GHz毫米波雷达的加装方法

1. 77 GHz毫米波雷达的电路分析

所选用的毫米波雷达的工作过程：将整车打到ON挡，然后将自动驾驶系统电源打到ON挡，毫米波雷达开始探测前方物体的距离、方位角、速度，并把这些信号通过CAN总线发送给计算平台，计算平台通过自动驾驶软件来识别物体的状态，最终控制底盘线控系统实现ACC或AEB功能。毫米波雷达电路图如图3-6所示。

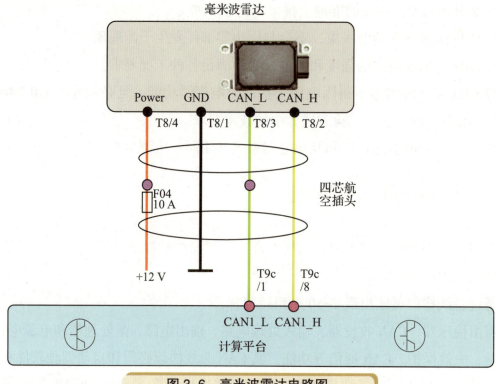

毫米波雷达

Power　GND　CAN_L　CAN_H

T8/4　T8/1　T8/3　T8/2

F04
10 A

四芯航
空插头

+12 V

T9c
/1

T9c
/8

CAN1_L　CAN1_H

计算平台

图 3-6　毫米波雷达电路图

2. 77 GHz 毫米波雷达的加装

一、实训规则

1. 目的

为了规范实训教学，保证学生的安全，为实训教学提供一个良好的学习环境，使实训教学有组织、有纪律、高质量地进行，特制定本规则。

2. 规则

（1）学生实训前必须将劳保用品穿戴整齐，做好准备工作准时上课。

（2）学生不得擅自离开实训岗位、实训场所。有事要请假，返回岗位时应向老师报告，进行销假，未经实训老师允许不得调换岗位和设备，更不允许乱动设备。

（3）学生必须严格遵守安全技术操作规程。

（4）认真学习，虚心接受实训老师的指导，按时按课题完成实训任务，确保实训质量，不断提高操作技能技巧。

（5）爱护公共设施和设备、工具、材料等，不准做私活，更不允许私拿公物，如丢失和损坏，按照相关制度赔偿。

（6）学生进入实训场地后，不准嬉笑打闹，更不允许动用实训工具、材料进行打闹，要做到文明礼貌。

（7）学生在实训中要按照学校安排积极参加建校劳动和生产劳动。

（8）学生在实训场地和教室要做到"六无"，即无烟头、无碎纸、无痰迹、无饭菜、无瓜果皮核、无乱写乱画。

（9）下课前将自己所用的设备、工具、材料整理并归位，清理卫生，切断电源，经实训老师同意后方可离开实训场所。

二、实训注意事项

（1）在对毫米波雷达进行拆装前，需要佩戴棉线防护手套，以保护手部，防止刮伤。

（2）在使用扳手拆装毫米波雷达螺栓时，要选择合适大小的扳手，否则容易损坏螺栓棱角。

（3）毫米波雷达装配后，还应进行调试和标定，才能进行测试。

3-6 工作页："77 GHz 毫米波雷达的加装"工作页

一、任务准备

（1）操作设备：巴哈赛车。

（2）工具/仪器：常用拆装工具套装、螺丝刀套装、卷尺、打孔工具、线束焊接工具等。

（3）人员分工：组长1名，记录人员1名，检验人员1名，操作人员若干。以上人选角色可通过选举、抓阄及老师指定等方式来担任，通过多个任务的训练，争取让每个学生轮流担任每个角色，以提升学生自身综合能力。

（4）实训场地：智能网联无人驾驶电动赛车实训室。

二、毫米波雷达安装前注意事项

（1）标杆车必须置于水平地面。

（2）标杆车四轮胎压必须达到标准胎压要求。

（3）标杆车必须处于无负载状态。

（4）标杆车前轮和转向盘必须摆正。

三、任务实施

参照以下操作步骤进行 77 GHz 毫米波雷达加装技能训练。

加装前防护
个人防护：操作人员需要穿戴工作服和防护手套。 整车防护：车内部需要铺上转向盘套、座椅套和脚垫，车外部需要铺上防护垫。

毫米波雷达加装

（1）取下钥匙，断开低压蓄电池负极，等待1 min。

（2）毫米波雷达安装位置测量：由于要完成 ACC 和 AEB 功能，所以毫米波雷达必须安装在标杆车正前方的中间位置，且以毫米波雷达本体中心计算，其安装位置距离水平地面应不低于 450 mm，不高于 1 500 mm。

经测量，两前大灯之间符合安装位置需求。去掉格栅，然后进行打孔。

（3）安装毫米波雷达可调节支架：使用M10扳手和M4内六角扳手对支架进行安装，此时支架上所有螺栓只进行预紧，进行毫米波雷达标定后再进行紧固。

（4）设计制作毫米波雷达连接板：根据安装位置及毫米波雷达的固定需求进行设计，留出3个毫米波雷达固定螺栓和支架固定螺栓位置。确定毫米波雷达和连接板相匹配。

（5）安装毫米波雷达连接板：使用M10扳手和M4内六角扳手对连接板进行安装，此时只进行预紧，进行毫米波雷达标定后再进行紧固。

注意：毫米波雷达接口方向以标杆车左侧为正确方向，所以安装毫米波雷达连接板时要注意，突出的一侧应朝向标杆车左侧方向。

（6）安装毫米波雷达：使用M10扳手和M4内六角扳手对毫米波雷达进行安装紧固。

（7）线束布置：将毫米波雷达接插器的供电、搭铁、CAN总线线束，与它们对应的线束进行焊接处理（依据电路图），然后按照绪论的"知识点二 汽车智能化改装设计思路"中"改装线束设计"的要求，对毫米波雷达的线束进行布置。

注意：毫米波雷达使用CAN1口，不要连接到底盘线控系统的CAN0口上。

（8）连接毫米波雷达端接插器。

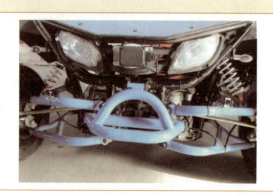

（9）连接毫米波雷达电源，其对应保险丝盒的 FL4 输出端，然后安装其保险丝。	（10）连接计算平台端 CAN 接插器，然后进行紧固。

（11）安装低压蓄电池负极。

至此，毫米波雷达加装完成，可撤除车外及车内防护设施。

四、任务评价

完成实训任务后，对任务完成情况进行评价。

二、77 GHz 毫米波雷达的调试、标定及测试

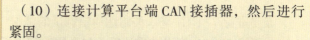

 77 GHz 毫米波雷达的调试

77 GHz 毫米波雷达的调试

3-7 工作页："77 GHz 毫米波雷达的通信调试"工作页

一、任务准备

（1）操作设备：巴哈赛车。

（2）人员分工：组长 1 名，记录人员 1 名，检验人员 1 名，操作人员若干。以上人选角色可通过选举、抓阄及老师指定等方式来担任，通过多个任务的训练，争取让每个学生轮流担任每个角色，以提升学生自身综合能力。

（3）实训场地：智能网联无人驾驶电动赛车实训室。

二、77 GHz 毫米波雷达通信调试的目的

确认 77 GHz 毫米波雷达和计算平台可以进行正常通信。

三、需要进行 77 GHz 毫米波雷达通信调试的情况

（1）更换 77 GHz 毫米波雷达后（包含原车部件拆装的情况）。

（2）更换计算平台后（包含原车部件拆装的情况）。

（3）77 GHz 毫米波雷达相关故障检测时。

四、77 GHz 毫米波雷达通信调试前注意事项

若新计算平台未进行过 CAN1 口配置，则无法进行相关系统通信调试，必须先进行计算平台 CAN1 口配置，详见"计算平台 CAN 口的配置"工作页。

五、任务实施

77 GHz 毫米波雷达的通信调试

（1）将整车打到 ON 挡，然后将自动驾驶系统电源打到 ON 挡。整个过程必须保证整车电量充足。	（2）同时按住"Ctrl+Alt+T"键打开命令行，输入命令"sudo candump can1"，按回车键确定。
	
	`nvidia@tegra-ubuntu:~`
	`nvidia@tegra-ubuntu:~$ sudo candump can1`

（3）输入管理员密码，密码是"nvidia"，密码输入时，输入的密码为不可显示状态。输入完毕后，按回车键即可。	（4）检查 CAN1 通信报文，是否含有毫米波雷达"ID 0x60A"或"ID 0x60B"，若检测到该 ID，说明通信正常，毫米波雷达的通信调试成功。 若是配置激活后，仍未出现"ID 0x60A"或"ID 0x60B"，证明毫米波雷达的通信调试失败，这说明问题可能出现在： ①毫米波雷达的供电端（包含线束和保险）。 ②毫米波雷达的搭铁线束。 ③毫米波雷达的 CAN 总线线路（CAN_H 或 CAN_L）。 ④毫米波雷达本体软件及硬件部分。 ⑤计算平台内部 CAN1 相关软件及硬件部分。

`nvidia@tegra-ubuntu:~`
`nvidia@tegra-ubuntu:~$ sudo candump can1`
`[sudo] password for nvidia:`
	`can1 60B  [8]  83 56 13 38 80 20 01 E8`
	`can1 60A  [8]  1A 15 41 00 00 00 00 00`
	`can1 60B  [8]  00 4E DC 10 80 20 01 18`
	`can1 60B  [8]  01 4F 3B F3 80 20 01 80`
	`can1 60B  [8]  02 4F 8B FF 80 20 01 F0`
	`can1 60B  [8]  05 5A 5C 69 80 20 01 18`

（5）关闭命令行，通信调试完成。	

六、任务评价

完成实训任务后，对任务完成情况进行评价。

2 77 GHz 毫米波雷达的标定

77 GHz 毫米波雷达的标定

3-8 工作页："77 GHz 毫米波雷达的标定"工作页

一、任务准备

（1）操作设备：巴哈赛车。

（2）工具 / 仪器：常用拆装工具套装、卷尺和水平测试仪。

（3）人员分工：组长 1 名，记录人员 1 名，检验人员 1 名，操作人员若干。以上人选角色可通过选举、抓阄及老师指定等方式来担任，通过多个任务的训练，争取让每个学生轮流担任每个角色，以提升学生自身综合能力。

（4）实训场地：智能网联无人驾驶电动赛车实训室。

二、77 GHz 毫米波雷达标定的目的

在毫米波雷达安装时，由于安装位置或姿态偏差，会使车辆对前方目标物体的测量数据（距离、方位角、速度）产生较大的偏差，所以需要对毫米波雷达在车辆上的安装位置和姿态进行标定，使测得的数据和实际情况相符合。

三、需要进行 77 GHz 毫米波雷达标定的情况

（1）更换 77 GHz 毫米波雷达后（包含原车部件拆装的情况）。

（2）更换 77 GHz 毫米波雷达相关支架后（包含原车部件拆装的情况）。

四、77 GHz 毫米波雷达标定前注意事项

（1）标杆车必须置于水平地面。

（2）标杆车四轮胎压必须达到标准胎压要求。

（3）标杆车必须处于无负载状态。

（4）标杆车前轮和转向盘必须摆正。

五、任务实施

77 GHz 毫米波雷达的标定

测量方法：毫米波雷达的标定，需要考虑其位置和姿态。

对于毫米波雷达的位置，主要测量其安装高度。

对于毫米波雷达的姿态，主要测量其俯仰角（Pitch）和横滚角（Roll）两个角度，偏航角位置已固定，不用测量。姿态示意如下图所示。

（1）使用卷尺测量 77 GHz 毫米波雷达的高度，也就是从水平地面到 77 GHz 毫米波雷达中心的垂直距离，检查是否在 0.45~1.5 m 内。

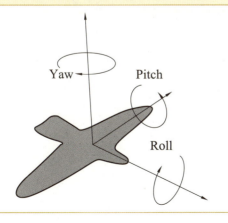

（2）使用水平测试仪测量 77 GHz 毫米波雷达的俯仰角（Pitch）是否为 0°±1°，如果未达到，需要对毫米波雷达可调节支架的俯仰角进行调节，直到达到标准才可以紧固可调节支架两侧的固定螺栓。

（3）使用水平测试仪测量 77 GHz 毫米波雷达的横滚角（Roll）是否为 0°±1°，如果未达到，需要对毫米波雷达连接板的横滚角进行调节，直到达到标准才可以紧固连接板固定螺栓。

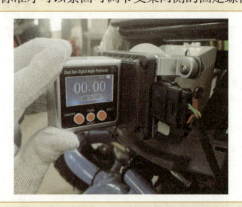

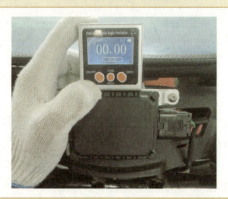

（4）调整好位置和姿态并紧固好螺栓后，标定完成。

六、任务评价

完成实训任务后，对任务完成情况进行评价。

3.〉 77 GHz 毫米波雷达的测试

3-9 工作页：“77 GHz 毫米波雷达测试”工作页

一、任务准备

（1）操作设备：测试车辆（巴哈赛车）。

（2）工具 / 仪器：两套雷达角反射器及其可调节支架、卷尺、胶带或粉笔、量角器。

（3）人员分工：组长 1 名，记录人员 1 名，检验人员 1 名，测试人员若干。以上人选角色可通过选举、抓阄及老师指定等方式来担任，通过多个任务的训练，争取让每个学生轮流担任每个角色，以提升学生自身综合能力。

（4）实训场地：雷达测试场景（拥有水平地面的 10 m × 10 m 空旷空间）。

二、77 GHz 毫米波雷达测试的目的

确认测试车辆在加装 77 GHz 毫米波雷达后可以正常测量到前方障碍物。

三、需要进行 77 GHz 毫米波雷达测试的情况

（1）77 GHz 毫米波雷达加装后。

（2）77 GHz 毫米波雷达性能试验时。

（3）77 GHz 毫米波雷达或其支架更换后（包含原车部件拆装的情况）。

（4）安装全新计算平台后。

四、测试注意事项

（1）测试车辆必须置于水平地面。

（2）测试车辆四轮胎压必须达到标准胎压要求。

（3）测试车辆必须处于无负载状态。

（4）测试车辆前轮和转向盘必须摆正。

（5）测试车辆已完成 77 GHz 毫米波雷达的调试和标定。

（6）测试车辆整车状态正常，例如胎压符合测试车辆正常标准、整车电量充足、77 GHz 毫米波雷达自身无影响测试的故障等。

（7）若毫米波雷达在 1 m 以内存在探测盲区，尽量避免在探测盲区进行测试。

五、任务实施

参照以下操作步骤进行 77 GHz 毫米波雷达测试技能训练。

（1）用量角器测量出 77 GHz 毫米波雷达中心两侧轴线 45° 的夹角（符合近距扫描方位角），使用卷尺测量两侧各向其前方 6 m 的距离，然后依照下图所示，在雷达测试场景里，画出毫米波雷达测试范围。	（2）将整车打到 ON 挡，然后将自动驾驶系统电源打到 ON 挡。
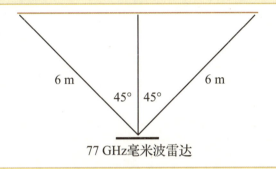	
（3）打开自动驾驶软件，选择"环境感知系统"中的"毫米波雷达配置"，单击"开启"按钮，"可视化范围"的横纵坐标均设置为 10 m，然后单击"配置"按钮，退出"毫米波雷达配置"界面。	（4）在毫米波雷达测试范围内放置两个雷达角反射器作为障碍物，由于毫米波雷达只支持其所在高度的平面内的物体测量，所以需要调整两个障碍物的水平位置，使它们与安装好的毫米波雷达中心位置水平方向保持一致，方便进行毫米波雷达测试。 放置并调整好后，查看自动驾驶软件中的毫米波雷达可视化界面里，是否能够将两个障碍物同时显示出来，并进行记录。需要进行至少三次障碍物不同位置的测试。 注意：雷达角反射器作为障碍物时，必须垂直放置于地面，且其凹面面向雷达。

（5）拿走一个障碍物，将另一个障碍物放置在毫米波雷达中心位置的正前方（在毫米波雷达测试范围内）。按照"77 GHz 毫米波雷达探测距离测试记录表"，用卷尺测量障碍物的实际距离，记录"障碍物实际距离"的值，然后查看毫米波雷达可视化界面里显示的障碍物距离，记录"障碍物软件显示距离"的值。需要进行至少三次不同探测距离测试。

77 GHz 毫米波雷达探测距离测试记录表   m

测试次数	障碍物实际距离	障碍物软件显示距离
1		
2		
3		
4		
5		
6		
7		
8		
9		

（6）必须同时满足以下条件，才算测试成功；任何一项不满足，则代表测试失败，需要调整或更换 77 GHz 毫米波雷达。

①两个障碍物（雷达角反射器）连续三次测试，均能够在毫米波雷达可视化界面里同时显示。

②连续三次探测距离测试中，毫米波雷达正前方障碍物（雷达角反射器）的实际距离和毫米波雷达可视化界面里的显示距离，偏差均不超过 ±0.2 m。

（7）测试成功后，关闭自动驾驶软件，测试结束。

六、任务评价

完成实训任务后，对任务完成情况进行评价。

任务三　激光雷达的选配、装调和测试

任务目标

◇ 了解激光雷达的分类；

◇ 了解激光雷达的加装思路及要求；

◇ 掌握 16 线激光雷达的选配方法；

◇ 了解 16 线激光雷达电路图；

◇ 掌握 16 线激光雷达的加装方法；

◇ 掌握 16 线激光雷达的调试方法；

◇ 掌握 16 线激光雷达的标定方法；

◇ 掌握 16 线激光雷达的测试方法。

情境导入

　　小辉今天正式在智能网联车企中进行顶岗实习，他负责的任务是智能网联车的激光雷达标定工作，由于他是第一次进行激光雷达标定，并不是很清楚怎样去做，所以心里非常紧张。但经过虚心的学习和师傅的耐心指导，他了解了所有的步骤，然后成功地进行了标定。

　　小辉学习了哪些知识？智能网联汽车的激光雷达怎样进行标定？我们带着这些问题进行接下来的学习吧。

应知应会

激光雷达的加装选配

1. 激光雷达的分类

　　激光雷达（Lidar）在无人驾驶运用中拥有两个作用。第一，通过激光扫描得到周围各物体的距离、角度、速度信息。第二，通过激光扫描得到车辆周围环境的模型及模型的行为信息。

激光雷达分类较为多样，按测距方法分类，可分为TOF时间测距（时间飞行法）激光雷达和FMCW调频连续波测距（相干测距法）激光雷达；以扫描方式分类，可分为机械式激光雷达、混合固态（半固态）激光雷达、固态激光雷达等；以扫描线束数量分类，可分为单线激光雷达和多线激光雷达。接下来以单线激光雷达和多线激光雷达作为重点进行介绍。

1）单线激光雷达

单线激光雷达是指激光源发出的线束是单线的雷达，单线激光雷达主要用于规避障碍物。单线激光雷达如图3-7所示。

优点：单线激光雷达扫描速度快、分辨率强、可靠性高。

缺点：单线激光雷达只能平面式扫描，不能测量物体高度，所以无法得到物体的三维信息。

2）多线激光雷达

多线激光雷达是指同时发射及接收多束激光的雷达，目前在国际市场上推出的多线激光雷达主要有4线、8线、16线、32线、64线和128线的。16线激光雷达如图3-8所示。

图3-7　单线激光雷达

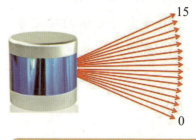

图3-8　16线激光雷达

优点：多线激光雷达相比单线激光雷达，可以识别物体高度，最终获得物体三维信息。还可以获得环境的深度信息，准确发现障碍物，构建可行驶区域。在丰富的点云数据上，计算出包括车道、路沿、行人、车辆、自行车等信息。

缺点：多线激光雷达成本较高，激光雷达线束越多，其价格越贵。

2. 激光雷达的加装思路及要求

1）激光雷达的加装思路

根据已选用自动驾驶软件和计算平台，配置一套激光雷达即可，其主要参与AEB和静态障碍物避障功能。

标杆车并未装备任何相关的感知传感器，现将其加装成可以由激光雷达提供信号，经过计算平台接管整车，完成AEB和静态障碍物避障功能的车辆。

考虑到整体设计成本和需完成的功能，不应使用成本过高的32线及32线以上的机械式激光雷达，所以选用16线机械式激光雷达。

此后，本教材中的 16 线激光雷达都指的是 16 线机械式激光雷达。

2）16 线激光雷达的要求

（1）16 线激光雷达必须实现 10 km/h 下，AEB 和静态障碍物避障功能要求的物体的距离、角度、速度、模型识别精度，目标的准确上报率不低于 90%。

（2）16 线激光雷达必须拥有 360° 的全景扫描功能。

（3）16 线激光雷达及线束，不会与周边零部件发生干涉现象。

（4）16 线激光雷达的强度和刚度，必须满足各种工况要求。

（5）16 线激光雷达不得因电磁干扰而影响探测功能，且必须满足 GB 34660—2017《道路车辆 电磁兼容性要求和试验方法》中的技术要求。

（6）16 线激光雷达可以和其他电器系统共用同一电源。

3. 16 线激光雷达的选配

选配要求：

（1）最大测程：≥ 120 m。

（2）最小测程：≤ 0.5 m。

（3）视场角（探测范围）：垂直 ±15°，水平 360°。

（4）16 线激光雷达内部的电机工作时，必须以不小于 5 Hz 的转速进行 360° 的全景扫描。

（5）16 线激光雷达必须满足人眼安全等级。

（6）16 线激光雷达能够通过以太网线和计算平台进行通信，其以太网协议必须和自动驾驶软件相匹配（自动驾驶软件能够直接识别激光雷达发送的信息并进行计算），为自动驾驶软件提供物体的距离、角度、速度、模型。

（7）由于标杆车没有激光雷达，所以直接使用激光雷达附带的接插器及线束即可（若没有附带，则需要自行适配）。

接下来，以符合所有选配要求的 16 线激光雷达为例，进行加装、调试、标定、测试。

技能实训

一、16 线激光雷达的加装方法

1. 16 线激光雷达的电路分析

所选用激光雷达的工作过程：将整车打到 ON 挡，然后将自动驾驶系统电源打到 ON 挡，激光雷达开始探测四周物体的距离、角度、速度、模型，并把这些信息通过激光雷达适配盒的以太网线发送给计算平台，计算平台通过自动驾驶软件来识别四周物体的状态，最终控制底盘线控系统实现 AEB 或静态障碍物避障功能。16 线激光雷达电路图如图 3-9 所示。

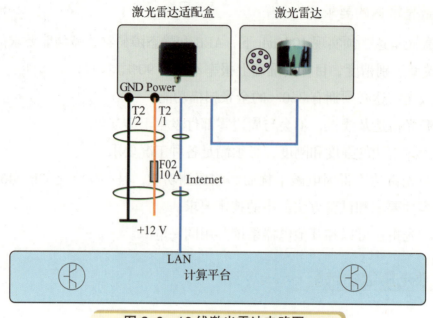

16 线激光雷
达的加装

图 3-9　16 线激光雷达电路图

2. 16 线激光雷达的加装

一、实训规则

1. 目的

为了规范实训教学，保证学生的安全，为实训教学提供一个良好的学习环境，使实训教学有组织、有纪律、高质量地进行，特制定本规则。

2. 规则

（1）学生实训前必须将劳保用品穿戴整齐，做好准备工作准时上课。

（2）学生不得擅自离开实训岗位、实训场所。有事要请假，返回岗位时应向老师报告，进行销假，未经实训老师允许不得调换岗位和设备，更不允许乱动设备。

（3）学生必须严格遵守安全技术操作规程。

（4）认真学习，虚心接受实训老师的指导，按时按课题完成实训任务，确保实训质量，不断提高操作技能技巧。

（5）爱护公共设施和设备、工具、材料等，不准做私活，更不允许私拿公物，如丢失和损坏，按照相关制度赔偿。

（6）学生进入实训场地后，不准嬉笑打闹，更不允许动用实训工具、材料进行打闹，要做到文明礼貌。

（7）学生在实训中要按照学校安排积极参加建校劳动和生产劳动。

（8）学生在实训场地和教室要做到"六无"，即无烟头、无碎纸、无痰迹、无饭菜、无瓜果皮核、无乱写乱画。

（9）下课前将自己所用的设备、工具、材料整理并归位，清理卫生，切断电源，经实训老师同意后方可离开实训场所。

二、实训注意事项

（1）在对 16 线激光雷达进行拆装前，需要佩戴棉线防护手套，以保护手部，防止刮伤。

（2）在使用扳手拆装激光雷达螺栓时，要选择合适大小的扳手，否则容易损坏螺栓棱角。

（3）激光雷达装配后，还应进行调试和标定，才能进行测试。

3-10 工作页："16 线激光雷达的加装"工作页

一、任务准备

（1）操作设备：巴哈赛车。

（2）工具 / 仪器：常用拆装工具套装、螺丝刀套装、水平测试仪、卷尺、打孔工具、线束焊接工具等。

（3）人员分工：组长 1 名，记录人员 1 名，检验人员 1 名，操作人员若干。以上人选角色可通过选举、抓阄及老师指定等方式来担任，通过多个任务的训练，争取让每个学生轮流担任每个角色，以提升学生自身综合能力。

（4）实训场地：智能网联无人驾驶电动赛车实训室。

二、16 线激光雷达加装前注意事项

（1）标杆车必须置于水平地面。

（2）标杆车四轮胎压必须达到标准胎压要求。

（3）标杆车必须处于无负载状态。

（4）标杆车前轮和转向盘必须摆正。

三、任务实施

参照以下操作步骤进行 16 线激光雷达加装技能训练。

加装前防护
个人防护：操作人员需要穿戴工作服和防护手套。 整车防护：车内部需要铺上转向盘套、座椅套和脚垫，车外部需要铺上防护垫。

激光雷达加装

（1）取下钥匙，断开低压蓄电池负极，等待 1 min。

（2）激光雷达安装位置测量：由于激光雷达需要扫描四周，所以必须置于标杆车高点。
测量标杆车顶部中横梁的中心位置，并进行标记。

（3）设计制作激光雷达可调节支架的固定支架：根据安装位置及激光雷达支架的固定需求进行设计，留出1个激光雷达可调节支架固定螺栓（位于中间）位置及2个固定支架固定螺栓（位于两侧）位置。

注意：2个中间横梁固定螺栓之间的距离，要大于激光雷达调节支架底部的长，不得影响激光雷达支架的安装。

（4）安装激光雷达可调节支架的固定支架：根据前面测量的横梁中间位置和固定支架中间孔位，确定大致安装位置。

使用水平测试仪确定固定支架和地面保持水平，标记固定支架固定螺栓在横梁上的两个对应孔位，然后进行打孔，最后用M5内六角扳手紧固固定支架。

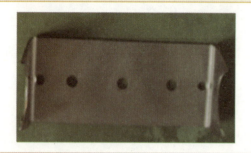

（5）安装激光雷达可调节支架：用扳手紧固激光雷达可调节支架和固定支架间的螺栓，此时只进行预紧，可调节支架上所有螺栓也只进行预紧，进行激光雷达标定后再进行紧固。

另外，也可以将激光雷达提前安装到激光雷达可调节支架上，再进行调节支架安装。

（6）安装激光雷达：用M5内六角扳手紧固激光雷达。

注意：激光雷达接口朝向标杆车正后方为正确方向。

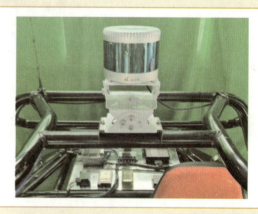

（7）安装激光雷达适配盒：按照激光雷达适配盒在控制板平台上的预设计位置，制作安装孔位，并使用M5内六角扳手对其进行安装。

（8）线束布置：将激光雷达适配盒电源接插器的供电及搭铁线束，与它们对应的线束进行焊接处理（依据电路图），然后按照绪论的"知识点二 汽车智能化改装设计思路"中"改装线束设计"的要求，对激光雷达和激光雷达适配盒的线束进行布置。

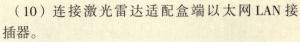

（9）连接激光雷达端接插器。	（10）连接激光雷达适配盒端以太网 LAN 接插器。

（11）连接激光雷达适配盒端电源接插器。	（12）连接激光雷达适配盒电源，其对应保险丝盒的 FL2 输出端，然后安装其保险丝。

（13）连接计算平台端以太网 LAN 接插器。 注意：需要进行配置激活后，才能使计算平台和激光雷达通信，详见"计算平台以太网 LAN 接口的配置"工作页。	（14）安装低压蓄电池负极。 　至此，激光雷达加装完成，可撤除车外及车内防护设施。

四、任务评价

　完成实训任务后，对任务完成情况进行评价。

二、16线激光雷达的调试、标定及测试

16线激光雷
达的调试

 **1.** 16线激光雷达的调试

3-11工作页："计算平台以太网 LAN 接口的配置"工作页

一、任务准备

（1）操作设备：巴哈赛车。

（2）人员分工：组长1名，记录人员1名，检验人员1名，操作人员若干。以上人选角色可通过选举、抓阄及老师指定等方式来担任，通过多个任务的训练，争取让每个学生轮流担任每个角色，以提升学生自身综合能力。

（3）实训场地：智能网联无人驾驶电动赛车实训室。

二、计算平台以太网 LAN 接口配置的目的

如果计算平台从未进行过两个以太网 LAN 接口的配置，那么两个以太网 LAN 接口都将处于未激活状态，导致计算平台上的两个以太网 LAN 接口都不工作，所以，如果不配置就直接进行通信调试会使调试失败。也就是说，新计算平台必须进行以太网 LAN 接口配置，才可以和激光雷达进行通信调试。

如果计算平台已进行过两个以太网 LAN 接口配置，那么系统会记录其名称及相关设置信息，但是只有当前配置的以太网 LAN 接口能工作，两个以太网 LAN 接口无法同时工作。

如果激光雷达已经连接的计算平台 LAN 接口与配置好的接口不匹配，那么需要重新连接到计算平台的另一个 LAN 接口；或者通过软件配置激活当前连接的 LAN 接口（若当前连接的 LAN 接口，有已配置好的选项，则直接选择配置好的名称，不用从头开始配置）。

三、需要进行计算平台以太网 LAN 接口配置的情况

（1）安装全新计算平台后。

（2）未进行过以太网 LAN 接口配置的计算平台。

（3）需要进行计算平台两个 LAN 接口中特定 LAN 接口配置时。

四、任务实施

计算平台以太网 LAN 接口的配置

（1）确保整车和自动驾驶系统电源处于 OFF 挡。确认以太网接插器，已插入计算平台 LAN1 或 LAN2 接口。	（2）将整车打到 ON 挡，然后将自动驾驶系统电源打到 ON 挡。整个过程必须保证整车电量充足。

（3）鼠标右键单击 Linux 操作系统的"网络设置"图标（Wi-Fi 样式图标），打开网络设置列表。	（4）选择"Enable Networking"（选择启用网络）选项。

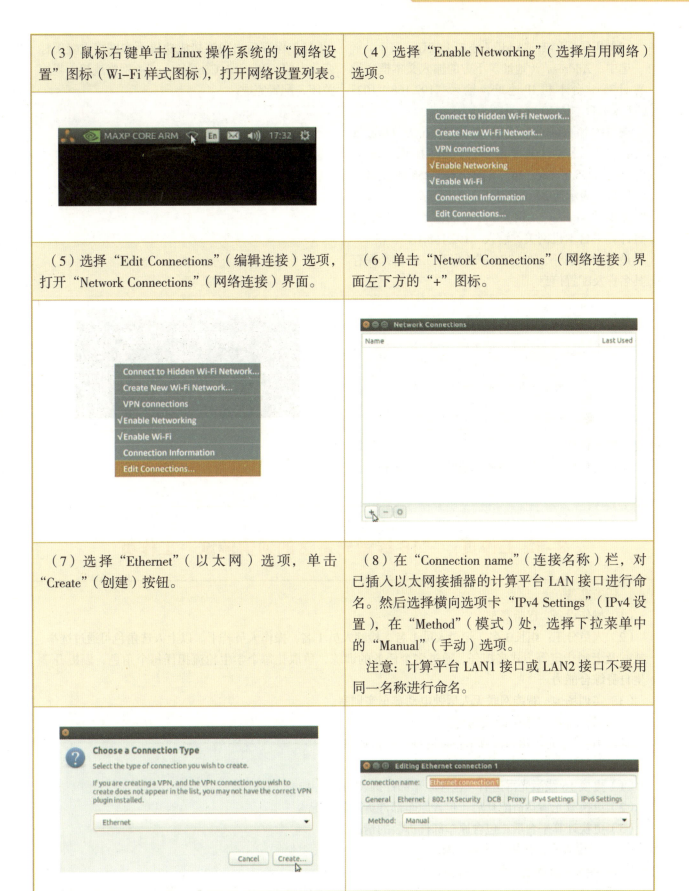

（5）选择"Edit Connections"（编辑连接）选项，打开"Network Connections"（网络连接）界面。	（6）单击"Network Connections"（网络连接）界面左下方的"+"图标。

（7）选择"Ethernet"（以太网）选项，单击"Create"（创建）按钮。	（8）在"Connection name"（连接名称）栏，对已插入以太网接插器的计算平台 LAN 接口进行命名。然后选择横向选项卡"IPv4 Settings"（IPv4 设置），在"Method"（模式）处，选择下拉菜单中的"Manual"（手动）选项。 注意：计算平台 LAN1 接口或 LAN2 接口不要用同一名称进行命名。

（9）用鼠标单击"Add"（添加）按钮。

选中"Address"（地址）下方的输入文本框，设置计算平台本机 IP 地址，输入"192.168.1.102"（计算平台本体 IP）；

选中"Netmask"（子网掩码）下方的输入文本框，设置计算平台本机子网掩码，输入"255.255.255.0"或"24"，"24"是"255.255.255.0"的简写，表示前 24 位都是 1；

选中"Gateway"（网关）下方的输入文本框，设置计算平台本机网关，输入"192.168.1.1"；

最后单击右下方的"Save"（保存）按钮，保存其名称及配置信息。

（10）保存后出现连接成功提示和网络设置图标变化，将"Network Connections"（网络连接）界面关闭，配置完成。

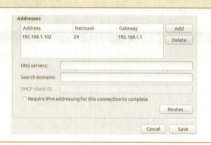

五、任务评价

完成实训任务后，对任务完成情况进行评价。

3-12 工作页："16 线激光雷达的通信调试"工作页

一、任务准备

（1）操作设备：巴哈赛车。

（2）人员分工：组长 1 名，记录人员 1 名，检验人员 1 名，操作人员若干。以上人选角色可通过选举、抓阄及老师指定等方式来担任，通过多个任务的训练，争取让每个学生轮流担任每个角色，以提升学生自身综合能力。

（3）实训场地：智能网联无人驾驶电动赛车实训室。

二、16 线激光雷达通信调试的目的

确认 16 线激光雷达和计算平台可以进行正常通信。

三、需要进行 16 线激光雷达通信调试的情况

（1）更换 16 线激光雷达后（包含原车部件拆装的情况）。

（2）更换激光雷达适配盒后（包含原车部件拆装的情况）。

（3）更换计算平台后（包含原车部件拆装的情况）。

（4）16 线激光雷达相关故障检测时。

四、16 线激光雷达通信调试前注意事项

若新计算平台未进行过 LAN 接口配置，则无法进行通信调试，必须先进行计算平台 LAN 接口配置，详见"计算平台以太网 LAN 接口的配置"工作页。

五、任务实施

16 线激光雷达的通信调试

（1）将整车打到 ON 挡，然后将自动驾驶系统电源打到 ON 挡。整个过程必须保证整车电量充足。

（2）同时按住"Ctrl+Alt+T"键打开命令行，输入命令"ping 192.168.1.200"（激光雷达本体 IP 地址），按回车键确定。若反应如下图所示，证明激光雷达通信调试成功。

```
nvidia@miivii-tegra:~$ ping 192.168.1.200
PING 192.168.1.200 (192.168.1.200) 56(84) bytes of data.
64 bytes from 192.168.1.200: icmp_seq=1 ttl=128 time=0.203 ms
64 bytes from 192.168.1.200: icmp_seq=2 ttl=128 time=0.257 ms
64 bytes from 192.168.1.200: icmp_seq=3 ttl=128 time=0.149 ms
64 bytes from 192.168.1.200: icmp_seq=4 ttl=128 time=0.218 ms
64 bytes from 192.168.1.200: icmp_seq=5 ttl=128 time=0.169 ms
64 bytes from 192.168.1.200: icmp_seq=6 ttl=128 time=0.156 ms
64 bytes from 192.168.1.200: icmp_seq=7 ttl=128 time=0.128 ms
64 bytes from 192.168.1.200: icmp_seq=8 ttl=128 time=0.116 ms
64 bytes from 192.168.1.200: icmp_seq=9 ttl=128 time=0.115 ms
64 bytes from 192.168.1.200: icmp_seq=10 ttl=128 time=0.209 ms
64 bytes from 192.168.1.200: icmp_seq=11 ttl=128 time=0.171 ms
64 bytes from 192.168.1.200: icmp_seq=13 ttl=128 time=0.117 ms
64 bytes from 192.168.1.200: icmp_seq=14 ttl=128 time=0.162 ms
64 bytes from 192.168.1.200: icmp_seq=15 ttl=128 time=0.195 ms
64 bytes from 192.168.1.200: icmp_seq=16 ttl=128 time=0.221 ms
64 bytes from 192.168.1.200: icmp_seq=17 ttl=128 time=0.141 ms
64 bytes from 192.168.1.200: icmp_seq=18 ttl=128 time=0.211 ms
64 bytes from 192.168.1.200: icmp_seq=19 ttl=128 time=0.230 ms
64 bytes from 192.168.1.200: icmp_seq=20 ttl=128 time=0.169 ms
64 bytes from 192.168.1.200: icmp_seq=21 ttl=128 time=0.219 ms
```

若是配置激活后，激光雷达的通信调试仍旧失败，显示不出正常通信界面，这说明问题可能出现在：

①激光雷达或激光雷达适配盒的供电端（包含线束和保险）。

②激光雷达或激光雷达适配盒的搭铁线束。

③激光雷达或激光雷达适配盒的以太网线路。

④激光雷达本体或激光雷达适配盒本体软件及硬件部分。

⑤计算平台本体内部以太网相关软件及硬件部分。

⑥计算平台对应激光雷达或激光雷达适配盒的软件部分。

（3）关闭命令行，通信调试完成。

六、任务评价

完成实训任务后，对任务完成情况进行评价。

2. 16 线激光雷达的标定

3-13 工作页："16 线激光雷达的标定"工作页

16 线激光雷达的标定

一、任务准备

（1）操作设备：巴哈赛车。

（2）工具 / 仪器：常用拆装工具套装、卷尺、角度尺和水平测试仪。

（3）人员分工：组长 1 名，记录人员 1 名，检验人员 1 名，操作人员若干。以上人选角色可通过选举、抓阄及老师指定等方式来担任，通过多个任务的训练，争取让每个学生轮流担任每个角色，以提升学生自身综合能力。

（4）实训场地：智能网联无人驾驶电动赛车实训室。

二、16 线激光雷达标定的目的

激光雷达的坐标系与车辆的坐标系不同（位置和姿态的组合称作坐标系），需要进行激光雷达标定，使激光雷达测量的数据，从激光雷达的坐标系转换至车辆的坐标系上，方便后续的自动驾驶软件计算。

三、需要进行 16 线激光雷达标定的情况

（1）更换 16 线激光雷达后（包含原车部件拆装的情况）。

（2）更换 16 线激光雷达相关支架后（包含原车部件拆装的情况）。

（3）安装全新计算平台后。

四、16 线激光雷达标定前注意事项

（1）标杆车必须置于水平地面。

（2）标杆车四轮胎压必须达到标准胎压要求。

（3）标杆车必须处于无负载状态。

（4）标杆车前轮和转向盘必须摆正。

五、任务实施

16 线激光雷达的标定

测量方法：激光雷达的标定，需要考虑其位置和姿态，也就是其坐标系。

对于激光雷达的位置，主要测量其安装高度。

对于激光雷达的姿态，主要测量其偏航角（Yaw）、横滚角（Roll）和俯仰角（Pitch）三个角度。姿态示意如下图所示。

（1）使用角度尺测量 16 线激光雷达的偏航角（Yaw），是否为 0°±1°。如果未达到，则需要对激光雷达可调节支架的偏航角进行调节，直到达到标准才可以紧固激光雷达可调节支架与其固定支架间的固定螺栓，然后记录测得的结果。

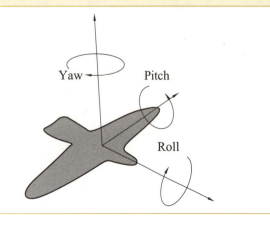

（2）使用水平测试仪测量 16 线激光雷达的横滚角（Roll），是否为 0°±1°。如果未达到，则需要对激光雷达可调节支架的横滚角进行调节，直到达到标准才可以紧固激光雷达可调节支架横滚角角度调节部分的固定螺栓，然后记录测得的结果。

（3）使用水平测试仪测量 16 线激光雷达的俯仰角（Pitch），是否为 0°±1°。如果未达到，则需要对激光雷达可调节支架的俯仰角进行调节，直到达到标准才可以紧固激光雷达可调节支架俯仰角角度调节部分的固定螺栓，然后记录测得的结果。

（4）使用卷尺测量 16 线激光雷达的高度，也就是从水平地面到 16 线激光雷达本体重心的垂直距离，然后记录测得的距离。

（5）将整车打到 ON 挡，然后将自动驾驶系统电源打到 ON 挡。整个过程必须保证整车电量充足。

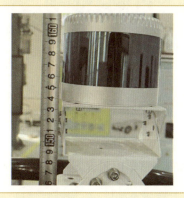

（6）打开自动驾驶软件，选择"环境感知系统"中的"激光雷达配置"。

（7）输入测量的角度数据。
"俯仰角"：将记录的测量角度结果手动输入。
"偏航角"：将记录的测量角度结果手动输入。
"横滚角"：将记录的测量角度结果手动输入。
"安装高度"：将记录的测量距离结果手动输入。

（8）填写完毕后，选择"更新配置"按钮，标定完成，然后退出。

六、任务评价

完成实训任务后，对任务完成情况进行评价。

3. 16 线激光雷达的测试

3–14 工作页："16 线激光雷达测试"工作页

一、任务准备

（1）操作设备：测试车辆（巴哈赛车）。

（2）工具 / 障碍物：卷尺、胶带或粉笔、4 个高度大于 1.5 m 的障碍物。

（3）人员分工：组长 1 名，记录人员 1 名，检验人员 1 名，测试人员若干。以上人选角色可通过选举、抓阄及老师指定等方式来担任，通过多个任务的训练，争取让每个学生轮流担任每个角色，以提升学生自身综合能力。

（4）实训场地：雷达测试场景（拥有水平地面的 10 m×10 m 空旷空间）。

二、16 线激光雷达测试的目的

确认测试车辆在加装 16 线激光雷达后可以正常测量到四周障碍物。

三、需要进行 16 线激光雷达测试的情况

（1）16 线激光雷达加装后。

（2）16 线激光雷达性能试验时。

（3）16 线激光雷达相关重要部件更换后，如 16 线激光雷达或激光雷达适配盒更换后（包含原车部件拆装的情况）。

（4）安装全新计算平台后。

四、测试注意事项

（1）测试车辆必须置于水平地面。

（2）测试车辆四轮胎压必须达到标准胎压要求。

（3）测试车辆必须处于无负载状态。

（4）测试车辆前轮和转向盘必须摆正。

（5）测试车辆已完成 16 线激光雷达的调试和标定。

（6）测试车辆整车状态正常，例如胎压符合测试车辆正常标准、整车电量充足、16 线激光雷达无影响测试的故障等。

（7）16 线激光雷达测试的障碍物高度必须大于 1.5 m。

五、任务实施

参照以下操作步骤进行 16 线激光雷达测试技能训练。

（1）在激光雷达前、后、左、右 4 个垂直方向，以激光雷达中心为起点，每个方向都使用卷尺测量出 2 m 和 4 m 的位置，然后分别进行标记，如下图所示。	（2）将整车打到 ON 挡，然后将自动驾驶系统电源打到 ON 挡。
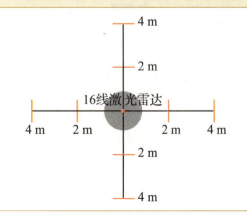	

（3）在激光雷达中心4个垂直方向2 m处，各放置1个障碍物。然后打开自动驾驶软件，观察自动驾驶软件激光雷达可视化界面出现的点云信息。

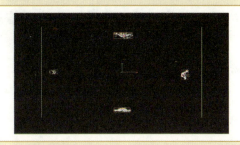

（4）在激光雷达中心4个垂直方向4 m处，各放置1个障碍物。然后观察自动驾驶软件激光雷达可视化界面出现的点云信息。

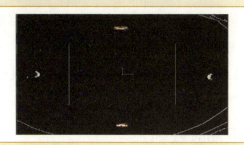

（5）必须同时满足以下条件，才算测试成功；任何一项不满足，则代表测试失败，需要调整或更换16线激光雷达。

①2 m和4 m测试，均可以正确扫描出所有障碍物。

②2 m和4 m测试，均可以正确扫描出所有障碍物所在方位。

（6）测试成功后，关闭自动驾驶软件，测试结束。

六、任务评价

完成实训任务后，对任务完成情况进行评价。

任务四　超声波雷达系统的选配、装调和测试

✎ 任务目标

◇ 掌握超声波雷达系统的结构组成；

◇ 掌握超声波雷达系统的工作原理；

◇ 了解超声波雷达系统的加装思路及要求；

◇ 掌握超声波雷达系统各部件的选配方法；

◇ 了解超声波雷达系统电路图；

◇ 掌握超声波雷达系统的加装方法；

◇ 掌握超声波雷达系统的调试方法；

◇ 掌握超声波雷达系统的测试方法。

小亮是一名汽车智能化改装方向的改装技师，这次他的汽车智能改装任务是加装超声波雷达系统，今天他完成了如超声波雷达安装位置测量、超声波雷达安装、超声波雷达控制器安装、布线等工作内容。

他是怎样完成这些工作内容的？我们带着这个问题进行接下来的学习吧。

 应知应会

超声波雷达系统的加装选配 》》

1. 超声波雷达系统的结构与工作原理

超声波雷达测距原理：利用超声波在发射后遇到障碍物反射回来所需的时间（超声波在空气中传播速度为 340 m/s），可以计算出从发射点到障碍物的实际距离。

通常情况下，车载超声波雷达系统由 3~12 个超声波雷达和 1 个超声波雷达控制器组成，超声波雷达具体数量取决于需要完成的功能。超声波雷达系统，如图 3-10 所示。

1）超声波雷达

一般的车载超声波雷达内部主要由压电晶片和超声波振板等组成。

超声波雷达发射超声波：超声波雷达控制器对压电晶片提供电压脉冲，压电晶片将产生共振并驱动超声波振板振动，产生超声波。

超声波雷达接收超声波：压电晶片没有得到电压脉冲时，当超声波振板接收到超声波后，压电晶片振动，机械能被转换成电信号，发送给超声波雷达控制器。超声波雷达工作过程，如图 3-11 所示。

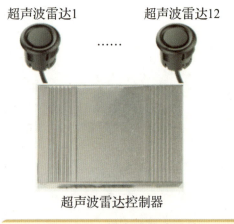

图 3-10 超声波雷达系统

图 3-11 超声波雷达工作过程

2）超声波雷达控制器

负责对超声波雷达的电压脉冲、占空比及稀疏进行调制；对接收到的超声波信号进行计算，得到障碍物距离；同时负责和其他车载控制器进行通信，发送测得的障碍物距离和其他信息。

2. 超声波雷达系统的加装思路及要求

1）超声波雷达系统的加装思路

根据已选用自动驾驶软件，配置一套超声波雷达系统即可，其主要参与 AEB、ACC（停 – 走）和静态障碍物避障功能。

标杆车并未装备任何相关的感知传感器，现将其加装成可以由超声波雷达系统提供信号，经过计算平台接管整车，完成 AEB、ACC（停 – 走）和静态障碍物避障功能的车辆。

2）超声波雷达系统的要求

（1）超声波雷达系统必须实现 3 m 内的高精度水平测量及障碍物识别。

（2）超声波雷达系统的 4 个超声波雷达尽量处于同一水平面内。前方布置两个，左右侧各布置一个。

（3）超声波雷达系统各部件及线束，不会与周边零部件发生干涉现象。

（4）超声波雷达系统各部件的强度和刚度，必须满足各种工况要求。

（5）超声波雷达系统各电气部件，不得因电磁干扰而影响探测功能，且必须满足 GB 34660—2017《道路车辆 电磁兼容性要求和试验方法》中的技术要求。

（6）超声波雷达系统可以和其他电器系统共用同一电源。

3. 超声波雷达系统的选配

超声波雷达系统主要包括 4 个超声波雷达、1 个超声波雷达控制器、各部件附属接插器及线束等。

1）超声波雷达

选配要求：选用最大量程不小于 3 m，能够防水防尘，且和超声波雷达控制器相配套的超声波雷达。

2）超声波雷达控制器

选配要求：车载超声波雷达控制器常用的协议有串口、CAN 等协议。下面选择串口协议为例进行讲解。

超声波雷达控制器能够通过串口线和整车控制器进行通信，其串口协议必须和整车控制器及自动驾驶软件相匹配（整车控制器能够接收超声波雷达控制器发送的信息，并将其转发到计算平台，由自动驾驶软件进行计算），为自动驾驶软件提供障碍物的距离信息。

3）各部件附属接插器及线束

由于标杆车没有超声波雷达系统，所以直接使用超声波雷达系统附带的接插器及线束即可（若没有附带，则需要自行适配）。

接下来，以符合所有选配要求的超声波雷达系统为例，进行加装、调试、测试。

 技能实训

一、超声波雷达系统的加装方法 》》

1. 超声波雷达系统的电路分析

所选用超声波雷达系统的工作过程：将整车打到 ON 挡，然后将自动驾驶系统电源打到 ON 挡，超声波雷达开始探测标杆车前方及两侧的障碍物距离信息，然后发送给超声波雷达控制器，超声波雷达控制器把这些信息通过串口数据线发送给整车控制器，由整车控制器经过 CAN 总线发送给计算平台，计算平台通过自动驾驶软件来识别障碍物距离，最终实现 AEB、ACC（停 - 走）和静态障碍物避障功能。超声波雷达系统电路图如图 3-12 所示。

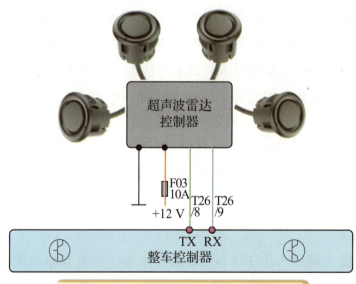

图 3-12 超声波雷达系统电路图

2. 超声波雷达系统的加装

一、实训规则

1. 目的

为了规范实训教学，保证学生的安全，为实训教学提供一个良好的学习环境，使实训教学有组织、有纪律、高质量地进行，特制定本规则。

2. 规则

（1）学生实训前必须将劳保用品穿戴整齐，做好准备工作准时上课。

（2）学生不得擅自离开实训岗位、实训场所。有事要请假，返回岗位时应向老师报告，进行销假，未经实训老师允许不得调换岗位和设备，更不允许乱动设备。

（3）学生必须严格遵守安全技术操作规程。

（4）认真学习，虚心接受实训老师的指导，按时按课题完成实训任务，确保实训质量，不断提高操作技能技巧。

（5）爱护公共设施和设备、工具、材料等，不准做私活，更不允许私拿公物，如丢失和损坏，按照相关制度赔偿。

（6）学生进入实训场地后，不准嬉笑打闹，更不允许动用实训工具、材料进行打闹，要做到文明礼貌。

（7）学生在实训中要按照学校安排积极参加建校劳动和生产劳动。

（8）学生在实训场地和教室要做到"六无"，即无烟头、无碎纸、无痰迹、无饭菜、无瓜果皮核、无乱写乱画。

（9）下课前将自己所用的设备、工具、材料整理并归位，清理卫生，切断电源，经实训老师同意后方可离开实训场所。

二、实训注意事项

（1）在对超声波雷达系统进行拆装前，需要佩戴棉线防护手套，以保护手部，防止刮伤。

（2）在使用扳手拆装超声波雷达系统螺栓时，要选择合适大小的扳手，否则容易损坏螺栓棱角。

（3）超声波雷达系统装配后，还应进行调试，才能进行测试。

3-15 工作页："超声波雷达系统的加装"工作页

一、任务准备

（1）操作设备：巴哈赛车。

（2）工具/仪器：常用拆装工具套装、螺丝刀套装、卷尺、水平测试仪、打孔工具、线束焊接工具等。

（3）人员分工：组长1名，记录人员1名，检验人员1名，操作人员若干。以上人选角色可通过选举、抓阄及老师指定等方式来担任，通过多个任务的训练，争取让每个学生轮流担任每个角色，以提升学生自身综合能力。

（4）实训场地：智能网联无人驾驶电动赛车实训室。

二、超声波雷达系统加装前注意事项

（1）标杆车必须置于水平地面。

（2）标杆车四轮胎压必须达到标准胎压要求。

（3）标杆车必须处于无负载状态。

（4）标杆车前轮和转向盘必须摆正。

三、任务实施

参照以下操作步骤进行超声波雷达系统加装技能训练。

加装前防护
个人防护：操作人员需要穿戴工作服和防护手套。
整车防护：车内部需要铺上转向盘套、座椅套和脚垫，车外部需要铺上防护垫。

超声波雷达系统加装

（1）取下钥匙，断开低压蓄电池负极，等待1 min。	（2）两前超声波雷达支架安装位置测量：选择两前轮胎中心距离（1 400 mm）的四分之一（350 mm），距离地面450 mm左右处，作为两前支架的安装位置。

（3）两侧超声波雷达安装位置测量：选择前后轮胎之间二分之一（585 mm），距离地面450 mm左右处。依照超声波雷达主体部分尺寸进行打孔。最后确定超声波雷达主体与孔位相匹配。 注意：超声波雷达安装孔位不要依照其面积最大的外沿部分进行设计。	（4）设计制作两前超声波雷达支架：根据前支架安装位置及超声波雷达的固定需求进行设计，留出两个固定螺栓及超声波雷达主体位置。完成后确定超声波雷达主体与支架相匹配。 注意：超声波雷达安装孔位不要依照其面积最大的外沿部分进行设计。

（5）安装两前超声波雷达及其支架：根据测量的支架安装位置（同时满足支架与水平地面相对垂直），对固定螺栓安装位置进行打孔，然后分别紧固两前支架固定螺栓，最后将超声波雷达分别插入两前支架。	（6）安装两侧超声波雷达：将超声波雷达分别插入两侧打好的孔位，并确定它们已经固定好。
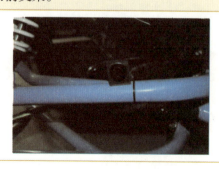	

（7）安装超声波雷达控制器：按照超声波雷达控制器在控制板平台上的预设位置，制作安装孔位，并使用内六角扳手对其进行安装。

（8）线束布置：将超声波雷达控制器接插器的信号、供电及搭铁线束，与它们对应的线束进行焊接处理（依据电路图），然后按照绪论的"知识点二. 汽车智能化改装设计思路"中"改装线束设计"的要求，对超声波雷达系统的线束进行布置。

（9）连接超声波雷达控制器端4个传感器接插器。

（10）连接超声波雷达控制器端主接插器。

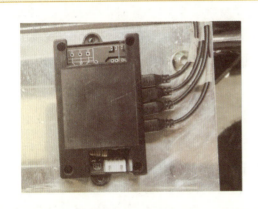

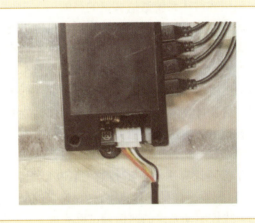

（11）连接超声波雷达控制器电源，其对应保险丝盒的FL3输出端，然后安装其保险丝。

（12）安装低压蓄电池负极。

至此，超声波雷达系统加装完成，可撤除车外及车内防护设施。

四、任务评价

完成实训任务后，对任务完成情况进行评价。

二、超声波雷达系统的调试及测试

1 超声波雷达系统的调试

3-16 工作页："超声波雷达系统的通信调试"工作页

一、任务准备

（1）操作设备：巴哈赛车。

（2）人员分工：组长1名，记录人员1名，检验人员1名，操作人员若干。以上人选角色可通过选举、抓阄及老师指定等方式来担任，通过多个任务的训练，争取让每个学生轮流担任每个角色，以提升学生自身综合能力。

（3）实训场地：智能网联无人驾驶电动赛车实训室。

二、超声波雷达系统通信调试的目的

确认超声波雷达控制器和计算平台可以进行正常通信。

三、需要进行超声波雷达系统通信调试的情况

（1）更换超声波雷达控制器后（包含原车部件拆装的情况）。

（2）更换整车控制器后（包含原车部件拆装的情况）。

（3）更换计算平台后（包含原车部件拆装的情况）。

（4）超声波雷达系统相关故障检测时。

四、超声波雷达系统通信调试前注意事项

（1）若新计算平台未进行过CAN0口配置，则无法进行相关系统通信调试，必须先进行计算平台CAN0口配置，详见"计算平台CAN口的配置"工作页。

（2）线控驱动系统的通信调试已完成。

五、任务实施

超声波雷达系统的通信调试	
（1）将整车打到ON挡，然后将自动驾驶系统电源打到ON挡。整个过程必须保证整车电量充足。	（2）同时按住"Ctrl+Alt+T"键打开命令行，输入命令"sudo candump can0"，按回车键确定。

（3）输入管理员密码，密码是"nvidia"，密码输入时，输入的密码为不可显示状态。输入完毕后，按回车键即可。

（4）检查CAN0通信报文，是否含有超声波雷达系统"ID 0x511"，若检测到该ID，并且报文能正常变化，说明通信正常，超声波雷达系统的通信调试成功。

若是配置激活后，仍未出现报文正常变化的"ID 0x511"，证明超声波雷达系统的通信调试失败，这说明问题可能出现在：

①超声波雷达控制器的供电端（包含线束和保险）。

②超声波雷达控制器的搭铁线束。

③超声波雷达控制器的串口数据线线路（TX或RX）。

④超声波雷达控制器本体软件及硬件部分。

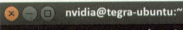

```
nvidia@tegra-ubuntu:~$ sudo candump can0
[sudo] password for nvidia:
```

```
can0  511  [8]  00 00 00 00 00 00 00 00
can0  289  [8]  00 30 00 00 00 00 00 06
can0  18F  [8]  00 FD FF C4 FF 00 1C 00
can0  289  [8]  00 30 00 00 00 00 00 07
can0  112  [8]  10 00 00 00 00 00 00 00
can0  289  [8]  00 30 00 00 00 00 00 08
```

（5）关闭命令行，通信调试完成。

六、任务评价

完成实训任务后，对任务完成情况进行评价。

2 超声波雷达系统的测试

超声波雷达系统的测试

3-17 工作页："超声波雷达系统测试"工作页

一、任务准备

（1）操作设备：测试车辆（巴哈赛车）。

（2）工具/仪器：雷达角反射器及其可调节支架、卷尺、胶带或粉笔。

（3）人员分工：组长1名，记录人员1名，检验人员1名，测试人员若干。以上人选角色可通过选举、抓阄及老师指定等方式来担任，通过多个任务的训练，争取让每个学生轮流担任每个角色，以提升学生自身综合能力。

（4）实训场地：雷达测试场景（拥有水平地面的10 m×10 m空旷空间）。

二、超声波雷达系统测试的目的

确认测试车辆在加装超声波雷达系统后可以正常测量到前方及两侧障碍物。

三、需要进行超声波雷达系统测试的情况

（1）超声波雷达系统加装后。

（2）超声波雷达系统性能试验时。

（3）超声波雷达系统相关重要部件更换后，如超声波雷达控制器、整车控制器、超声波雷达更换后（包含原车部件拆装的情况）。

（4）安装全新计算平台后。

四、测试注意事项

（1）测试车辆必须置于水平地面。

（2）测试车辆四轮胎压必须达到标准胎压要求。

（3）测试车辆必须处于无负载状态。

（4）测试车辆前轮和转向盘必须摆正。

（5）测试车辆已完成超声波雷达系统的调试。

（6）测试车辆整车状态正常，例如胎压符合测试车辆正常标准、整车电量充足、超声波雷达系统无影响测试的故障等。

五、任务实施

参照以下操作步骤进行超声波雷达系统测试技能训练。

（1）在每个超声波雷达的正前方，都使用卷尺测量出 0.5 m 和 1 m 的位置，然后分别进行标记。	（2）将整车打到 ON 挡，然后将自动驾驶系统电源打到 ON 挡。

（3）打开自动驾驶软件，选择"环境感知系统"中的"超声波雷达配置"，单击"开启"按钮，"可视化范围"的横纵坐标均设置为 2 m，然后单击"配置"按钮，退出"超声波雷达配置"界面。	（4）以雷达角反射器作为障碍物，然后调整障碍物的水平位置，使其与超声波雷达安装位置水平，方便进行测量。四个超声波雷达都必须分别进行 0.5 m 和 1 m 的测试。 注意：雷达角反射器作为障碍物时，必须垂直于标记位置的地面，且其凹面面向雷达。

（5）查看自动驾驶软件中的超声波雷达系统可视化界面里，障碍物显示的距离。按照"超声波雷达系统测试记录表"分别记录"各侧障碍物实际距离"为 0.5 m 和 1 m 时各侧障碍物软件显示距离，如下表所示。

超声波雷达系统测试记录表   m

各侧障碍物实际距离	左侧障碍物软件显示距离	左前障碍物软件显示距离	右前障碍物软件显示距离	右侧障碍物软件显示距离
0.5				
1				

（6）必须同时满足以下条件，才算测试成功；任何一项不满足，则代表测试失败，需要调整超声波雷达系统或对应超声波雷达。

①各侧障碍物（雷达角反射器）在 0.5 m 位置时，与超声波雷达系统可视化界面里的显示距离的偏差均不超过 ±0.1 m。

②各侧障碍物（雷达角反射器）在 1 m 位置时，与超声波雷达系统可视化界面里的显示距离的偏差均不超过 ±0.1 m。

（7）成功后，关闭自动驾驶软件，测试结束。

六、任务评价

完成实训任务后，对任务完成情况进行评价。

任务五 视觉传感器的选配、装调和测试

 任务目标

◇ 了解视觉传感器的分类；

◇ 了解视觉传感器的加装思路及要求；

◇ 掌握单目视觉传感器的选配方法；

◇ 了解单目视觉传感器电路图；

◇ 掌握单目视觉传感器的加装方法；

◇ 掌握单目视觉传感器的调试方法；

◇ 掌握单目视觉传感器的测试方法。

✎ 情境导入

　　一辆全新的智能网联汽车，需要测试视觉传感器静态的交通信号灯识别功能。测试人员通过自动驾驶软件，进行交通信号灯识别状态查看，交通信号灯切换不同状态时，视觉传感器都可以正常识别。

　　测试人员是如何通过自动驾驶软件查看交通信号灯识别状态的呢？我们带着这个问题进行接下来的学习吧。

✎ 应知应会

视觉传感器的加装选配 》》

1. 视觉传感器的分类

　　视觉传感器负责把拍摄到的数据，如物体的颜色、形状、状态等，转换成特定格式数据传递给计算平台，计算平台中的自动驾驶软件通过这些数据，完成车辆前方障碍物检测、车道线识别、车辆检测、行人横穿马路识别、行人跟踪、交通标志检测、交通信号灯识别等功能。

　　视觉传感器按其搭载的车载摄像头数量分类，可分为单目视觉传感器、双目视觉传感器以及三目视觉传感器。

1）单目视觉传感器

　　单目视觉传感器由 1 个车载摄像头组成，通过车载摄像头拍摄的平面图像，感知物体的颜色、形状、状态等。单目视觉传感器如图 3-13 所示。

　　优点：技术成熟、结构简单、成本低。

　　缺点：测距精度较低。

图 3-13　单目视觉传感器

2）双目视觉传感器

　　双目视觉传感器由 2 个车载摄像头组成，以模仿人类双眼功能的方式，实现对物体的距离、大小等状态的感知。双目视觉传感器如图 3-14 所示。

　　优点：测距精度较高。

　　缺点：对 2 个车载摄像头的安装位置和距离要求较多；对标定要求高。

3）三目视觉传感器

　　三目视觉传感器由 3 个车载摄像头组成，通过 3 个车载摄像头覆盖不同范围的场景，解决了摄像头无法切换焦距的问题。三目视觉传感器如图 3-15 所示。

图 3-14　双目视觉传感器

图 3-15　三目视觉传感器

优点：每个车载摄像头有不同感知范围，拥有更好的视野广度和精度。

缺点：需要同时标定 3 个摄像头，工作量大；软件部分需关联 3 个摄像头数据，对算法有要求，对芯片算力有要求；整体成本高。

2　视觉传感器的加装思路及要求

1）视觉传感器的加装思路

根据已选用的自动驾驶软件和计算平台，配置一个单目视觉传感器即可，其主要参与 TLR 和行人横穿马路识别功能。

标杆车并未装备任何相关的感知传感器，现将其加装成可以由一个单目视觉传感器提供信号，经过计算平台接管整车，完成 TLR 和行人横穿马路识别功能的车辆。

2）单目视觉传感器的要求

（1）单目视觉传感器必须实现 TLR 和行人横穿马路识别功能要求的图像清晰度。

（2）单目视觉传感器拍摄的图像必须显示正常，无滚屏、花屏、水波纹、偏色、画面泛白等现象。

（3）单目视觉传感器及线束，不会与周边零部件发生干涉现象。

（4）单目视觉传感器的强度和刚度，必须满足各种工况要求。

（5）单目视觉传感器不得因电磁干扰而影响图像拍摄功能，且必须满足 GB 34660—2017《道路车辆 电磁兼容性要求和试验方法》中的技术要求。

（6）单目视觉传感器可以和其他电器系统共用同一电源。

3　单目视觉传感器的选配

选配要求：

（1）分辨率：至少达到 800×600。

（2）视觉传感器常用的协议有 USB、GMSL 等协议。下面选择 USB 协议为例进行讲解。

单目视觉传感器能够通过 USB 线和计算平台进行通信，其 USB 协议必须和自动驾驶软件相匹配（自动驾驶软件能够直接识别视觉传感器发送的信息并进行计算），为自动驾驶软件提供物体的图像及颜色信息。

（3）由于标杆车没有单目视觉传感器，所以直接使用单目视觉传感器附带的接插器及线束即可（若没有附带，则需要自行适配）。

接下来，以符合所有选配要求的单目视觉传感器为例，进行加装、调试、测试。

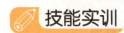

一、单目视觉传感器的加装方法

1. 单目视觉传感器的电路分析

所选用视觉传感器的工作过程：将整车打到 ON 挡，然后将自动驾驶系统电源打到 ON 挡，视觉传感器开始拍摄前方物体的图像，并把这些信息通过 USB 3.0 线发送给计算平台，计算平台通过自动驾驶软件来识别物体的图像信息，如行人、交通信号灯及交通信号灯颜色等，最终实现 TLR 或行人横穿马路识别功能。视觉传感器电路图如图 3-16 所示。

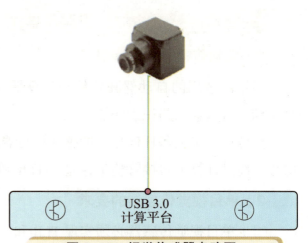

图 3-16　视觉传感器电路图

2. 单目视觉传感器的加装

一、实训规则

1. 目的

为了规范实训教学，保证学生的安全，为实训教学提供一个良好的学习环境，使实训教学有组织、有纪律、高质量地进行，特制定本规则。

2. 规则

（1）学生实训前必须将劳保用品穿戴整齐，做好准备工作准时上课。

（2）学生不得擅自离开实训岗位、实训场所。有事要请假，返回岗位时应向老师报告，进行销假，未经实训老师允许不得调换岗位和设备，更不允许乱动设备。

（3）学生必须严格遵守安全技术操作规程。

（4）认真学习，虚心接受实训老师的指导，按时按课题完成实训任务，确保实训质量，不断提高操作技能技巧。

（5）爱护公共设施和设备、工具、材料等，不准做私活，更不允许私拿公物，如丢失和损坏，按照相关制度赔偿。

（6）学生进入实训场地后，不准嬉笑打闹，更不允许动用实训工具、材料进行打闹，要做到文明礼貌。

（7）学生在实训中要按照学校安排积极参加建校劳动和生产劳动。

（8）学生在实训场地和教室要做到"六无"，即无烟头、无碎纸、无痰迹、无饭菜、无瓜果皮核、无乱写乱画。

（9）下课前将自己所用的设备、工具、材料整理并归位，清理卫生，切断电源，经实训老师同意后方可离开实训场所。

二、实训注意事项

（1）在对单目视觉传感器进行拆装前，需要佩戴棉线防护手套，以保护手部，防止刮伤。

（2）在使用扳手拆装单目视觉传感器螺栓时，要选择合适大小的扳手，否则容易损坏螺栓棱角。

（3）单目视觉传感器装配后，还应进行调试，才能进行测试。

3-18 工作页："单目视觉传感器的加装"工作页

一、任务准备

（1）操作设备：巴哈赛车。

（2）工具 / 仪器：常用拆装工具套装、螺丝刀套装等。

（3）人员分工：组长 1 名，记录人员 1 名，检验人员 1 名，操作人员若干。以上人选角色可通过选举、抓阄及老师指定等方式来担任，通过多个任务的训练，争取让每个学生轮流担任每个角色，以提升学生自身综合能力。

（4）实训场地：智能网联无人驾驶电动赛车实训室。

二、单目视觉传感器加装前注意事项

（1）标杆车必须置于水平地面。

（2）标杆车四轮胎压必须达到标准胎压要求。

（3）标杆车必须处于无负载状态。

（4）标杆车前轮和转向盘必须摆正。

三、任务实施

参照以下操作步骤进行单目视觉传感器加装技能训练。

加装前防护
个人防护：操作人员需要穿戴工作服和防护手套。 整车防护：车内部需要铺上转向盘套、座椅套和脚垫，车外部需要铺上防护垫。

视觉传感器加装	
（1）取下钥匙，断开低压蓄电池负极，等待 1 min。	（2）安装单目视觉传感器：使用 M10 扳手对单目视觉传感器进行安装。

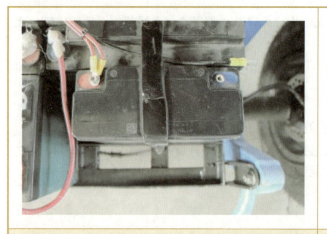

（3）线束布置：按照绪论的"知识点二 汽车智能化改装设计思路"中"改装线束设计"的要求，对单目视觉传感器的线束进行布置。

（4）连接单目视觉传感器端接插器。

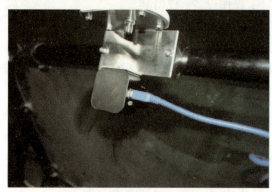

（5）连接计算平台端 USB 3.0 接插器。

注意：只能插入计算平台 USB 3.0 接口，不要插入 USB 2.0 接口。

（6）安装低压蓄电池负极。

至此，单目视觉传感器加装完成，可撤除车外及车内防护设施。

四、任务评价

完成实训任务后，对任务完成情况进行评价。

单目视觉传感器的调试

二、单目视觉传感器的调试及测试

 单目视觉传感器的调试

3-19 工作页："单目视觉传感器的接口调试"工作页

一、任务准备

（1）操作设备：巴哈赛车。

（2）人员分工：组长1名，记录人员1名，检验人员1名，操作人员若干。以上人选角色可通过选举、抓阄及老师指定等方式来担任，通过多个任务的训练，争取让每个学生轮流担任每个角色，以提升学生自身综合能力。

（3）实训场地：智能网联无人驾驶电动赛车实训室。

二、单目视觉传感器接口调试的目的

确认单目视觉传感器可以被计算平台正确识别。

三、需要进行单目视觉传感器接口调试的情况

（1）更换单目视觉传感器后（包含原车部件拆装的情况）。

（2）更换计算平台后（包含原车部件拆装的情况）。

（3）单目视觉传感器相关故障检测时。

四、任务实施

单目视觉传感器的接口调试

（1）确保整车和自动驾驶系统电源处于 OFF 状态，然后拔下计算平台端单目视觉传感器的 USB 3.0 接插器。

（2）将整车打到 ON 挡，然后将自动驾驶系统电源打到 ON 挡。整个过程必须保证整车电量充足。

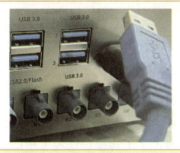

（3）同时按住 "Ctrl+Alt+T" 键打开命令行，输入命令 "ll+ 空格 +/dev/video*"，观察设备号的初始状态。

注意：设备号为软件层面概念（对应单目视觉传感器本体），不要和计算平台硬件上的接口弄混。

（4）连接计算平台端 USB 3.0 接插器，然后输入命令 "ll+ 空格 +/dev/video*"。

通过单目视觉传感器连接前与连接后的对比，可以确定单目视觉传感器设备号为 "/dev/video6"，多出设备号说明计算平台已经识别连接的单目视觉传感器。然后记录多出的设备号，关闭命令行。

若未出现多出设备号，说明问题可能出现在：

①单目视觉传感器的线束。

②单目视觉传感器本体软件及硬件部分。

③计算平台内部 USB 3.0 相关软件及硬件部分。

（5）打开自动驾驶软件，选择"环境感知系统"中"视觉传感器配置"的"视觉传感器设备号"，找到之前记录的"/dev/video6"。	（6）调试完成，关闭自动驾驶软件。

五、任务评价

完成实训任务后，对任务完成情况进行评价。

---

2. 单目视觉传感器的测试

3-20 工作页："单目视觉传感器测试"工作页

一、任务准备

（1）操作设备：测试车辆（巴哈赛车）。

（2）工具 / 仪器：交通信号灯。

（3）人员分工：组长 1 名，记录人员 1 名，检验人员 1 名，测试人员若干。以上人选角色可通过选举、抓阄及老师指定等方式来担任，通过多个任务的训练，争取让每个学生轮流担任每个角色，以提升学生自身综合能力。

（4）实训场地：智能网联无人驾驶电动赛车实训室。

二、单目视觉传感器测试的目的

确认测试车辆在加装单目视觉传感器后，可以拍摄前方物体，并识别出行人、交通信号灯、交通信号灯的红灯状态和绿灯状态。

三、需要进行单目视觉传感器测试的情况

（1）单目视觉传感器加装后。

（2）单目视觉传感器性能试验时。

（3）单目视觉传感器更换后（包含原车部件拆装的情况）。

（4）安装全新计算平台后。

四、测试注意事项

（1）测试车辆必须置于水平地面。

（2）测试车辆四轮胎压必须达到标准胎压要求。

（3）测试车辆必须处于无负载状态。

（4）测试车辆前轮和转向盘必须摆正。

（5）测试车辆已完成单目视觉传感器的调试。

（6）测试车辆整车状态正常，例如胎压符合测试车辆正常标准、整车电量充足、单目视觉传感器无影响测试的故障等。

五、任务实施

参照以下操作步骤进行单目视觉传感器测试技能训练。

（1）将整车打到 ON 挡，然后将自动驾驶系统电源打到 ON 挡。	（2）打开自动驾驶软件，选择"环境感知系统"中的"视觉传感器配置"，选择对应的"视觉传感器设备号"，然后单击"开启识别"按钮。

（3）退出"视觉传感器配置"界面，随机让一名操作人员站到视觉传感器前方，视觉传感器可视化界面出现该人员，若同时出现识别蓝框和"person"，则代表行人识别测试成功。需要进行至少三次行人识别测试。	（4）将交通信号灯放置到视觉传感器前方后，视觉传感器可视化界面出现交通信号灯，若同时出现识别蓝框和"traffic light"，则代表交通信号灯识别测试成功。需要进行至少三次交通信号灯识别测试。
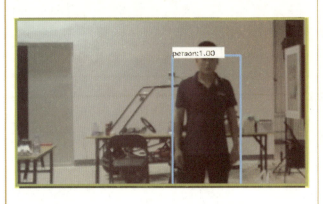	

（5）将交通信号灯放置到视觉传感器前方，然后将红灯点亮，视觉传感器可视化界面出现红灯状态的交通信号灯，若同时出现识别蓝框和"traffic light：red light"，则代表交通信号灯红灯状态识别测试成功。需要进行至少三次交通信号灯红灯状态识别测试。

若无法识别红灯，则选择"自动驾驶决策系统"中的"交通信号灯识别行为配置"，对"红灯识别RGB最大值设定"和"红灯识别RGB最小值设定"进行调整。

注意：交通信号灯颜色识别需开启自动驾驶功能栏中的"交通信号灯识别（TLR）"功能。

（6）将交通信号灯放置到视觉传感器前方，然后将绿灯点亮，视觉传感器可视化界面出现绿灯状态的交通信号灯，若同时出现识别蓝框和"traffic light：green light"，则代表交通信号灯绿灯状态识别测试成功。需要进行至少三次交通信号灯绿灯状态识别测试。

若无法识别绿灯，则选择"自动驾驶决策系统"中的"交通信号灯识别行为配置"，对"绿灯识别RGB最大值设定"和"绿灯识别RGB最小值设定"进行调整。

注意：交通信号灯颜色识别需开启自动驾驶功能栏中的"交通信号灯识别（TLR）"功能。

（7）必须同时满足以下条件，才算测试成功；任何一项不满足，则代表测试失败，需要调整自动驾驶软件相关设置或更换单目视觉传感器。

①连续三次行人识别测试成功。

②连续三次交通信号灯识别测试成功。

③连续三次交通信号灯红灯状态识别测试成功。

④连续三次交通信号灯绿灯状态识别测试成功。

（8）测试成功后，关闭自动驾驶软件，测试结束。

六、任务评价

完成实训任务后，对任务完成情况进行评价。

项目四

整车综合测试

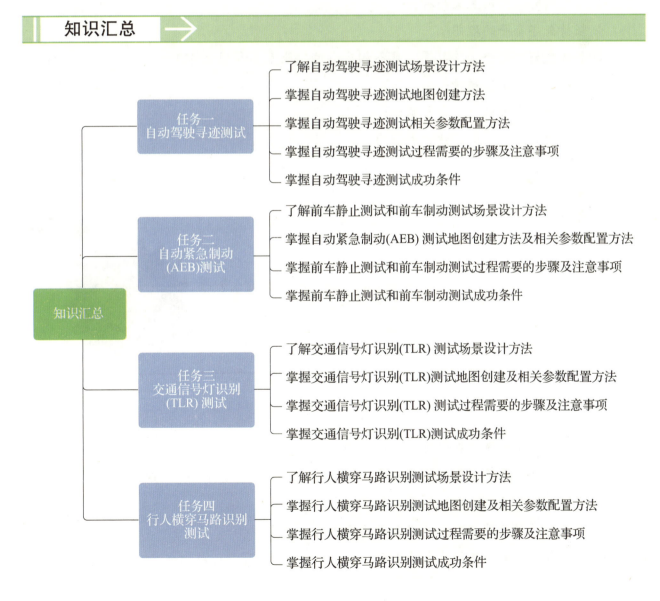

知识汇总

任务一 自动驾驶寻迹测试
- 了解自动驾驶寻迹测试场景设计方法
- 掌握自动驾驶寻迹测试地图创建方法
- 掌握自动驾驶寻迹测试相关参数配置方法
- 掌握自动驾驶寻迹测试过程需要的步骤及注意事项
- 掌握自动驾驶寻迹测试成功条件

任务二 自动紧急制动 (AEB)测试
- 了解前车静止测试和前车制动测试场景设计方法
- 掌握自动紧急制动(AEB)测试地图创建方法及相关参数配置方法
- 掌握前车静止测试和前车制动测试过程需要的步骤及注意事项
- 掌握前车静止测试和前车制动测试成功条件

任务三 交通信号灯识别 (TLR)测试
- 了解交通信号灯识别(TLR)测试场景设计方法
- 掌握交通信号灯识别(TLR)测试地图创建及相关参数配置方法
- 掌握交通信号灯识别(TLR)测试过程需要的步骤及注意事项
- 掌握交通信号灯识别(TLR)测试成功条件

任务四 行人横穿马路识别测试
- 了解行人横穿马路识别测试场景设计方法
- 掌握行人横穿马路识别测试地图创建及相关参数配置方法
- 掌握行人横穿马路识别测试过程需要的步骤及注意事项
- 掌握行人横穿马路识别测试成功条件

学习目标 →

技能目标

◇ 了解整车综合测试中各场景设计方法；

◇ 掌握整车综合测试中各地图创建方法；

◇ 掌握整车综合测试中自动驾驶软件相关参数配置方法；

◇ 掌握整车综合测试过程需要的步骤及注意事项；

◇ 掌握整车综合测试成功条件。

素养目标

◇ 能够自觉遵守法律、法规以及技术标准规定；

◇ 能够和同学及教学人员建立良好的合作关系；

◇ 能够在实际操作过程中，培养动手实践能力，注重培养质量意识、安全意识、节能环保意识和规范操作等职业素养；

◇ 培养新时代爱国主义精神；

◇ 坚持矢志奋斗的理想；

◇ 养成良好的安全工作习惯，具备相应岗位职业素养和规范意识；

◇ 培养新时代工匠精神；

◇ 培养团队合作精神及合作意识；

◇ 培养自我发展、创新意识和能力。

任务一　自动驾驶寻迹测试

✎ 任务目标

◇ 了解自动驾驶寻迹测试场景设计方法；

◇ 掌握自动驾驶寻迹测试地图创建方法；

◇ 掌握自动驾驶寻迹测试相关参数配置方法；

◇ 掌握自动驾驶寻迹测试过程需要的步骤及注意事项；

◇ 掌握自动驾驶寻迹测试成功条件。

 技能实训

一、自动驾驶寻迹测试场景设计

自动驾驶寻迹测试的目的：测试改装后的车辆，是否能完成自动驾驶寻迹功能；在整个自动驾驶过程中，是否有严重偏离地图轨迹（中线）的情况发生。

测试场景必须保证空旷平坦，测试场景内主要包括环形车道、测试车辆等，具体需求如表 4-1 所示。

表 4-1　自动驾驶寻迹测试场景

测试道路	车道宽	设置测试起点和测试终点	设置中线
环形车道周长 ≥ 120 m	3~5 m	（1）测试起点到测试终点，按照 U 形行驶路线进行设计； （2）用宽度 ≥ 0.05 m 的标记线，设置测试起点和测试终点	（1）中线为竖线，设置在整个车道正中； （2）每隔 3~5 m 须标记一条长度 ≥ 1 m、宽度 ≥ 0.05 m 的中线

二、自动驾驶寻迹测试地图创建

4-1 工作页："自动驾驶寻迹测试地图创建"工作页

一、任务准备

（1）操作设备：测试车辆（巴哈赛车）。

（2）工具/仪器：GPS 车速表（也可使用手机下载测量车速的 APP 进行测量）。

（3）人员分工：组长 1 名，记录人员 1 名，检验人员 1 名，操作人员若干。以上人选角色可通过选举、抓阄及老师指定等方式来担任，通过多个任务的训练，争取让每个学生轮流担任每个角色，以提升学生自身综合能力。

（4）实训场地：自动驾驶寻迹测试场景。

二、录制地图注意事项

（1）禁止恶劣天气时进行行驶，例如雨、雪、冰雹、雾等天气。

（2）行驶时必须保证测试场地路面水平整洁且附着力良好，没有斜坡、杂物、雨雪、积冰等状况。

（3）必须保证测试车辆载重在正常负荷范围内。

（4）必须保证测试车辆已完成底盘线控系统和组合导航系统的调试、标定和测试。

（5）必须保证测试车辆处于正常状态，例如胎压符合测试车辆正常标准、整车电量充足、整车无影响测试的故障等。

（6）创建地图过程中请勿进行倒车操作，否则会影响自动驾驶寻迹测试。

（7）创建的地图必须为 U 形地图。

（8）测试人员进入车辆前，必须戴好防护头盔、护肘、护膝等安全护具。

（9）测试人员进入车辆后，必须首先系好安全带。

（10）特殊情况下，测试人员必须及时控制车辆，停止行驶。

（11）行驶过程中，不得出现测试以外人员或障碍物，测试相关人员不得随意走动。

（12）避免在严重影响车辆差分定位信号的区域进行测试，如高楼大厦密集的区域、有严重电磁干扰的区域、隧道及山区。

三、任务实施

参照以下操作步骤进行自动驾驶寻迹测试地图创建技能训练。

自动驾驶寻迹测试地图创建	
（1）将测试车辆人工驾驶至测试地图的测试起点位置，调整测试车辆位置，使其和即将行驶的方向保持一致，并回正转向盘。将整车打到 ON 挡，然后将自动驾驶系统电源打到 ON 挡。	（2）打开自动驾驶软件，选择"整车综合测试系统"中的"RS232 端口配置"，在"RS232 端口号配置"中选择已完成配置的端口，并确认对应的计算平台 RS232 接口已插入接插器，ttyTHS1 对应计算平台上 RS232_1 接口；ttyUSB1 对应计算平台上 RS232_2 接口。"波特率设置"选择"115200"。然后单击"RS232 端口激活"按钮，在弹出的提示框中单击"OK"按钮。
	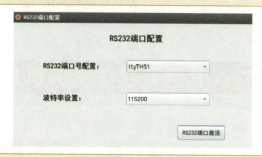
（3）选择"整车综合测试系统"中的"创建寻迹地图"，确定"车辆差分定位信号状态"为一般或良好后，选择"寻迹地图名称"，自定义一个名称，手动输入，然后单击"录制"按钮。 注意：如果"车辆差分定位信号状态"为极差，则需要退出自动驾驶软件。首先，确定 DTU 中是否安装有移动（公司）的 SIM 卡；其次，确定 SIM 卡是否欠费；最后，检查是否已绑定并激活相关账号。 如果以上都没有问题，说明问题可能出现在： ①周边环境干扰。 ②GNSS 天线或其线束。 ③组合导航系统控制器。	（4）在自动驾驶寻迹测试场景内，测试人员驾驶测试车辆以 5 km/h 速度顺着设置好的中线进行 U 形行驶（整个过程不得偏离中线），从测试起点行驶至测试终点后停车，然后单击"保存"按钮。 注意：录制地图时，车速越快，地图路径点数越分散；车速越慢，地图路径点数越密集。所以建议录制地图时的车速在 5 km/h 左右。

（5）选择"整车综合测试系统"中的"配置寻迹地图"，单击"选择"按钮，查找到自定义名称的地图后单击"Open"按钮，回到"配置寻迹地图"界面，单击"生成寻迹路径"按钮，然后在地图可视化界面中进行比对。

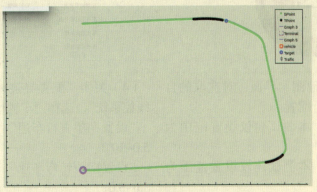

在地图中每个颜色代表的含义不同，具体含义如下：

①绿色：路径点在直道行驶路径上。

②黑色：路径点在弯道行驶路径上。

③红色：地图上测试车辆当前的位置及自动驾驶时行驶路线。

④蓝色：地图上测试车辆行驶的目标点，红色将会跟随蓝色行驶。

⑤紫色：地图的测试终点位置。

四、任务评价

完成实训任务后，对任务完成情况进行评价。

三、自动驾驶寻迹测试相关参数配置 》》

4-2 工作页："自动驾驶寻迹测试相关参数配置"工作页

一、任务准备

（1）操作设备：测试车辆（巴哈赛车）。

（2）人员分工：组长1名，记录人员1名，检验人员1名，操作人员若干。以上人选角色可通过选举、抓阄及老师指定等方式来担任，通过多个任务的训练，争取让每个学生轮流担任每个角色，以提升学生自身综合能力。

（3）实训场地：自动驾驶寻迹测试场景。

二、任务实施

自动驾驶寻迹测试相关参数配置

（1）将整车打到 ON 挡，然后将自动驾驶系统电源打到 ON 挡。整个过程必须保证整车电量充足。	（2）打开自动驾驶软件，选择"整车综合测试系统"，单击"配置寻迹地图"中"选取寻迹地图路径"的"选择"按钮，进入"选择寻迹路径"界面，选取录制的自动驾驶寻迹测试地图后，单击"Open"按钮。

（3）返回"配置寻迹地图"界面，对选取的自动驾驶寻迹测试地图进行配置。

"直线寻迹目标点"：本测试建议设置范围为4~10；

"弯道寻迹目标点"：本测试建议设置范围为3~8；

"纬度缩放比例"：本测试建议根据实际道路情况进行配置；

"经度缩放比例"：本测试建议根据实际道路情况进行配置；

其余参数保持默认状态，本测试不建议更改。

单击"生成寻迹路径"按钮，生成寻迹地图，并确定本测试应用当前已设置的各项参数。

单击"保存配置文件"按钮，将设置好的参数配置进行保存，以便下次直接读取。

（4）关闭"配置寻迹地图"界面，打开"底盘线控系统"，选择"车辆行驶参数配置"。

"设置期望直行车速"：本测试建议设置范围为5.0~10.0；

"设置期望转弯车速"：本测试建议设置范围为3.0~6.0；

"设置刹车临界值"：本测试建议设置范围为0.0~1.0；

"紧急制动行程值"：本测试建议设置范围为50~80；

其余参数保持默认状态，本测试不建议更改。

单击"配置"按钮，确定本测试应用当前已设置的各项参数。

单击"保存配置文件"按钮，将设置好的参数配置进行保存，以便下次直接读取。

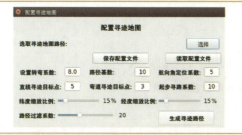

（5）关闭"车辆行驶参数配置"界面，打开"底盘线控系统"，选择"PID控制参数配置"。

"控制系数Kp"：本测试建议设置范围为4.0~7.0；

"控制常数Cp"：本测试建议设置范围为−3.0~3.0；

其余参数保持默认状态，本测试不建议更改。

单击"配置"按钮，确定本测试应用当前已设置的各项参数。

单击"保存配置文件"按钮，将设置好的参数配置进行保存，以便下次直接读取。

三、任务评价

完成实训任务后，对任务完成情况进行评价。

四、自动驾驶寻迹测试

4-3 工作页："自动驾驶寻迹测试"工作页

一、任务准备

（1）操作设备：测试车辆（巴哈赛车）。

（2）工具 / 仪器：卷尺。

（3）人员分工：组长 1 名，记录人员 1 名，检验人员 1 名，测试人员若干。以上人选角色可通过选举、抓阄及老师指定等方式来担任，通过多个任务的训练，争取让每个学生轮流担任每个角色，以提升学生自身综合能力。

（4）实训场地：自动驾驶寻迹测试场景。

二、需要进行自动驾驶寻迹测试的情况

（1）整车改装后。

（2）安装全新计算平台后。

（3）底盘线控系统中任意系统改装后。

（4）更换底盘线控系统的重要部件后，如控制器更换后（包含原车部件拆装的情况）。

（5）电动助力转向系统进行标定后。

（6）组合导航系统的重要部件更换或标定后。

三、寻迹测试注意事项

（1）禁止恶劣天气时进行路测，例如雨、雪、冰雹、雾等天气。

（2）路测时必须保证测试场地路面水平整洁且附着力良好，没有斜坡、杂物、雨雪、积冰等状况。

（3）必须保证测试车辆载重在正常负荷范围内。

（4）必须保证测试车辆已完成底盘线控系统和组合导航系统的调试、标定和测试。

（5）必须保证测试车辆处于正常状态，例如胎压符合测试车辆正常标准、整车电量充足、整车无影响测试的故障等。

（6）测试过程中车内必须一直有测试人员，以保证测试过程中的安全。

（7）测试人员进入车辆前，必须戴好防护头盔、护肘、护膝等安全护具。

（8）测试人员进入车辆后，必须首先系好安全带。

（9）正常测试过程中，测试人员不得干预测试；特殊情况下，测试人员必须及时控制车辆，停止测试。

（10）测试过程中，不得出现测试以外人员，测试相关人员不得随意走动。

（11）避免在严重影响车辆差分定位信号的区域进行测试，如高楼大厦密集的区域、有严重电磁干扰的区域、隧道及山区。

（12）急停开关必须处于已关闭状态。

四、任务实施

参照以下操作步骤进行自动驾驶寻迹测试技能训练。

（1）将测试车辆人工驾驶至设置的测试起点位置，调整测试车辆起始位置，使其和即将行驶的方向保持一致，然后回正转向盘。将整车打到 ON 挡，然后将自动驾驶系统电源打到 ON 挡。	（2）打开自动驾驶软件，选择"整车综合测试系统"，单击"配置寻迹地图"中"选取寻迹地图路径"的"选择"按钮，进入"选择寻迹路径"界面，选取录制好的自动驾驶寻迹测试地图后，单击"Open"按钮。

（3）依照"三、自动驾驶寻迹测试相关参数配置"，配置好相关参数后，必须进行至少三次测试。按照"自动驾驶寻迹测试记录表"，在测试前记录相关配置参数，并在测试时记录是否完成 U 形行驶和测试车辆与中线最大偏离距离，如下表所示。

自动驾驶寻迹测试记录表

测试次数	弯道寻迹目标点	设置期望弯道车速 / (km · h^{-1})	控制系数	控制常数	是否完成 U 形行驶	测试车辆与中线最大偏离距离 /m
1						
2						
3						
4						
5						
6						
7						
8						
9						

（4）确定急停开关是否已关闭（警示灯为绿灯显示时，代表关闭状态），然后选择"开始"选项，按下遥控器上的"A"键开始测试，注意观察测试车辆行驶轨迹。

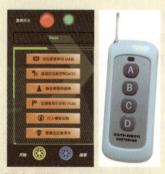

遥控器按键含义如下：

A 键：启动车辆自动驾驶模式；

B 键：暂停车辆自动驾驶模式；

C 键：为预留按键；

D 键：退出车辆自动驾驶模式。

（5）必须同时满足以下条件，才算测试成功；任何一项不满足，则代表测试失败。

①连续三次测试，测试车辆均按照测试地图路径，从测试起点行驶到测试终点完成 U 形行驶。

②连续三次测试，测试车辆均与测试道路的中线最大偏离距离 ≤ 1.5 m。

若测试失败，说明问题可能出现在：

①计算平台。

②自动驾驶软件或其相关配置。

③底盘线控系统：电动助力转向系统、液压式线控制动系统、线控驱动系统。

④感知系统：组合导航系统。

（6）测试成功后，关闭自动驾驶软件，测试结束。

五、任务评价

完成实训任务后，对任务完成情况进行评价。

任务二　自动紧急制动（AEB）测试

 **任务目标**

◇ 了解前车静止测试场景设计方法；

◇ 了解前车制动测试场景设计方法；

◇ 掌握自动紧急制动（AEB）测试地图创建方法及相关参数配置方法；

◇ 掌握前车静止测试过程需要的步骤及注意事项；

◇ 掌握前车制动测试过程需要的步骤及注意事项；

◇ 掌握前车静止测试成功条件；

◇ 掌握前车制动测试成功条件。

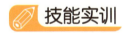 **技能实训**

一、自动紧急制动（AEB）测试场景设计

自动紧急制动（AEB）测试场景分为前车静止测试场景和前车制动测试场景。

1. 前车静止测试场景

前车静止测试的目的：测试改装后的车辆在整个自动驾驶过程中，正前方遇到同一轨道内处于静止状态的车辆时，是否能成功触发自动紧急制动（AEB）功能，并保持安全距离。

测试场景必须保证空旷平坦，测试场景内主要包括直道、测试车辆、目标车辆等，具体需求如表4-2所示。

表4-2 前车静止测试场景

测试道路	车道宽	目标车辆	相关设置
直道长度 ≥ 30 m	3~5 m	（1）乘用车、观光车、老年代步车、巴哈赛车等可作为目标车辆； （2）目标车辆速度为 0 km/h	（1）用宽度 ≥ 0.05 m 的标记线，设置测试起点； （2）测试过程中，目标车辆与测试起点直线距离 > 20 m，且在前车静止测试地图路径内

2. 前车制动测试场景

前车制动测试的目的：测试改装后的车辆在整个自动驾驶过程中，正前方遇到同一轨道内处于行驶状态的车辆制动后，是否能成功触发自动紧急制动（AEB）功能，并保持安全距离。

测试场景必须保证空旷平坦，测试场景内主要包括直道、测试车辆、目标车辆等，具体需求如表4-3所示。

表4-3 前车制动测试场景

测试道路	车道宽	目标车辆	相关设置
直道长度 > 35 m	3~5 m	（1）乘用车、观光车、老年代步车、巴哈赛车等都可作为目标车辆； （2）目标车辆速度为 5~10 km/h，且目标车辆速度 > 测试车辆速度	（1）用宽度 ≥ 0.05 m 的标记线，设置测试起点； （2）目标车辆与测试起点直线距离 ≥ 5 m； （3）测试过程中，目标车辆行驶在前车制动测试地图路径内，目标车辆行驶直线距离 > 30 m

二、自动紧急制动（AEB）相关参数配置

4-4 工作页："自动紧急制动（AEB）相关参数配置"工作页

一、任务准备

（1）操作设备：测试车辆（巴哈赛车）。

（2）人员分工：组长1名，记录人员1名，检验人员1名，操作人员若干。以上人选角色可通过选举、抓阄及老师指定等方式来担任，通过多个任务的训练，争取让每个学生轮流担任每个角色，以提升学生自身综合能力。

（3）实训场地：自动紧急制动（AEB）测试场景。

二、任务实施

自动紧急制动（AEB）相关参数配置

（1）将整车打到 ON 挡，然后将自动驾驶系统电源打到 ON 挡。整个过程必须保证整车电量充足。

（2）打开自动驾驶软件，选择"整车综合测试系统"，单击"配置寻迹地图"中"选取寻迹地图路径"的"选择"按钮，进入"选择寻迹路径"界面，选取提前录制的前车静止测试地图或前车制动测试地图后，单击"Open"按钮。

①前车静止测试地图创建要求：在无目标车辆的前车静止测试场景，测试人员驾驶测试车辆以车速 5 km/h 进行直行行驶，录制从测试起点到终点、直线距离 ≥ 30 m 的地图。

②前车制动测试地图创建要求：在无目标车辆的前车制动测试场景，测试人员驾驶测试车辆以车速 5 km/h 进行直行行驶，录制从测试起点到终点、直线距离 > 35 m 的地图。

注意：录制地图时，车速越快，地图路径点数越分散；车速越慢，地图路径点数越密集。所以建议录制地图时的车速在 5 km/h 左右。

（3）返回"配置寻迹地图"界面，对选取的前车静止测试地图或前车制动测试地图进行配置。

"直线寻迹目标点"：本测试建议设置范围为 4~10；

"弯道寻迹目标点"：本测试建议设置范围为 3~8；

"纬度缩放比例"：本测试建议根据实际道路情况进行配置；

"经度缩放比例"：本测试建议根据实际道路情况进行配置；

其余参数保持默认状态，本测试不建议更改。

单击"生成寻迹路径"按钮，生成寻迹地图，并确定本测试应用当前已设置的各项参数。

单击"保存配置文件"按钮，将设置好的参数配置进行保存，以便下次直接读取。

（4）关闭"配置寻迹地图"界面，打开"底盘线控系统"，选择"车辆行驶参数配置"。

"设置期望直行车速"：本测试建议设置范围为 5.0~10.0；

"设置期望转弯车速"：本测试建议设置范围为 3.0~6.0；

"设置刹车临界值"：本测试建议设置范围为 0.0~1.0；

"紧急制动行程值"：本测试建议设置范围为 50~80；

其余参数保持默认状态，本测试不建议更改。

单击"配置"按钮，确定本测试应用当前已设置的各项参数。

单击"保存配置文件"按钮，将设置好的参数配置进行保存，以便下次直接读取。

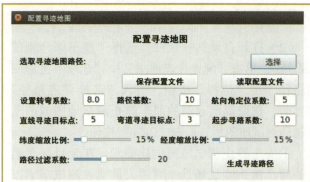

（5）关闭"车辆行驶参数配置"界面，打开"底盘线控系统"，选择"PID控制参数配置"。

"控制系数Kp"：本测试建议设置范围为4.0~7.0；

"控制常数Cp"：本测试建议设置范围为-3.0~3.0；

其余参数保持默认状态，本测试不建议更改。

单击"配置"按钮，确定本测试应用当前已设置的各项参数。

单击"保存配置文件"按钮，将设置好的参数配置进行保存，以便下次直接读取。

（6）关闭"PID控制参数配置"界面，打开"环境感知系统"，选择"超声波雷达配置"。

设置"超声波雷达状态"为"开启"，启动超声波雷达检测功能；

设置"超声波雷达显示频率"，本测试建议设置范围为500~1 000 ms；

设置"可视化范围"的"横坐标"和"纵坐标"，本测试建议设置范围为1~2 m。

单击"配置"按钮，确定本测试应用当前已设置的各项参数。

（7）关闭"超声波雷达配置"界面，打开"环境感知系统"，选择"毫米波雷达配置"。

设置"毫米波雷达状态"为"开启"，启动毫米波雷达检测功能；

设置"毫米波雷达显示频率"，本测试建议设置范围为500~1 000 ms；

设置"可视化范围"的"横坐标"和"纵坐标"，本测试建议设置范围为10~15 m；

单击"配置"按钮，确定本测试应用当前已设置的各项参数。

（8）关闭"毫米波雷达配置"界面，打开"自动驾驶决策系统"，选择"自动紧急制动行为配置"。

"左前点横坐标""左前点纵坐标""右后点横坐标""右后点纵坐标"：本测试根据不同需求进行设置；

"制动系数"：本测试建议设置范围为0.7~1.0；

单击"配置"按钮，确定本测试应用当前已设置的各项参数；

单击"保存配置文件"按钮，将设置好的参数配置进行保存，以便下次直接读取。

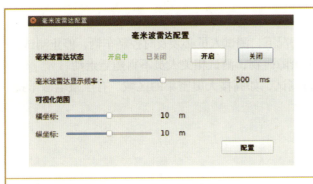

三、任务评价

完成实训任务后，对任务完成情况进行评价。

三、自动紧急制动（AEB）测试

4-5 工作页："前车静止测试"工作页

一、任务准备

（1）操作设备：测试车辆（巴哈赛车）和目标车辆。

（2）工具 / 仪器：卷尺。

（3）人员分工：组长 1 名，记录人员 1 名，检验人员 1 名，测试人员若干。以上人选角色可通过选举、抓阄及老师指定等方式来担任，通过多个任务的训练，争取让每个学生轮流担任每个角色，以提升学生自身综合能力。

（4）实训场地：前车静止测试场景。

二、需要进行前车静止测试的情况

（1）整车改装后。

（2）安装全新计算平台后。

（3）77 GHz 毫米波雷达更换或标定后。

（4）16 线激光雷达更换或标定后。

（5）超声波雷达控制器更换后。

三、前车静止测试注意事项

（1）禁止恶劣天气时进行路测，例如雨、雪、冰雹、雾等天气。

（2）路测时必须保证测试场地路面水平整洁且附着力良好，没有斜坡、杂物、雨雪、积冰等状况。

（3）必须保证测试车辆载重在正常负荷范围内。

（4）必须保证测试车辆已完成自动驾驶寻迹测试以及 77 GHz 毫米波雷达、16 线激光雷达、超声波雷达系统的调试、标定和测试。

（5）必须保证测试车辆处于正常状态，例如胎压符合测试车辆正常标准、整车电量充足、整车无影响测试的故障等。

（6）测试过程中车内必须一直有测试人员，以保证测试过程中的安全。

（7）测试人员进入车辆前，必须戴好防护头盔、护肘、护膝等安全护具。

（8）测试人员进入车辆后，必须首先系好安全带。

（9）正常测试过程中，测试人员不得干预测试；特殊情况下，测试人员必须及时控制车辆，停止测试。

（10）测试过程中，不得出现测试以外人员或其他多余障碍物，测试相关人员不得随意走动。

（11）避免在严重影响车辆差分定位信号的区域进行测试，如高楼大厦密集的区域、有严重电磁干扰的区域、隧道及山区。

（12）急停开关必须处于已关闭状态。

四、任务实施

参照以下操作步骤进行前车静止测试技能训练。

| （1）将测试车辆人工驾驶至设置的测试起点位置，调整测试车辆起始位置，使其和即将行驶的方向保持一致，然后回正转向盘。将整车打到 ON 挡，然后将自动驾驶系统电源打到 ON 挡。 | （2）打开自动驾驶软件，选择"整车综合测试系统"，单击"配置寻迹地图"中"选取寻迹地图路径"的"选择"按钮，进入"选择寻迹路径"界面，选取前车静止测试地图后，单击"Open"按钮。 |

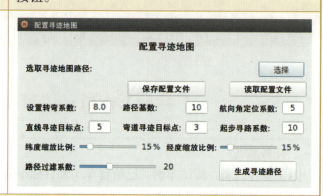

（3）依照"二、自动紧急制动（AEB）相关参数配置"，配置好相关参数后，必须进行至少三次测试。按照"前车静止测试记录表"，在测试前记录相关配置参数，并记录测试车辆遇到静止状态的目标车辆时，启动自动紧急制动后测试车辆与目标车辆间的距离，如下表所示。

前车静止测试记录表

测试次数	左前点坐标（横/m，纵/m）	右后点坐标（横/m，纵/m）	设置期望直行车速/（km·h⁻¹）	制动系数	测试车辆与目标车辆间的距离/m
1					
2					
3					
4					
5					
6					
7					
8					
9					

（4）在自动驾驶功能栏中选择"自动紧急制动（AEB）"，并确定急停开关是否已关闭（警示灯为绿灯显示时，代表关闭状态），然后选择"开始"选项，确定目标车辆已设置在测试车辆必经的路径内，且目标车辆与测试起点距离＞20 m后，按下遥控器上的"A"键开始测试。

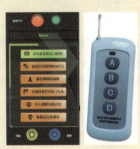

遥控器按键含义如下：

A 键：启动车辆自动驾驶模式；

B 键：暂停车辆自动驾驶模式；

C 键：为预留按键；

D 键：退出车辆自动驾驶模式。

（5）若连续三次测试中，测试车辆遇到处于静止状态的目标车辆，并进行制动后，测试车辆与目标车辆间的距离均大于 1 m，则测试成功。

若不满足，则测试失败，这说明问题可能出现在：

①计算平台。

②自动驾驶软件或其相关配置。

③底盘线控系统：线控驱动系统、液压式线控制动系统。

④感知系统：组合导航系统、77 GHz 毫米波雷达、16 线激光雷达、超声波雷达系统。

（6）测试成功后，关闭自动驾驶软件，测试结束。

五、任务评价

完成实训任务后，对任务完成情况进行评价。

4-6 工作页："前车制动测试"工作页

一、任务准备

（1）操作设备：测试车辆（巴哈赛车）和目标车辆。

（2）工具 / 仪器：卷尺。

（3）人员分工：组长 1 名，记录人员 1 名，检验人员 1 名，测试人员若干。以上人选角色可通过选举、抓阄及老师指定等方式来担任，通过多个任务的训练，争取让每个学生轮流担任每个角色，以提升学生自身综合能力。

（4）实训场地：前车制动测试场景。

二、需要进行前车制动测试的情况

（1）整车改装后。

（2）安装全新计算平台后。

（3）77 GHz 毫米波雷达更换或标定后。

（4）16 线激光雷达更换或标定后。

（5）超声波雷达控制器更换后。

三、前车制动测试注意事项

（1）禁止恶劣天气时进行路测，例如雨、雪、冰雹、雾等天气。

（2）路测时必须保证测试场地路面水平整洁且附着力良好，没有斜坡、杂物、雨雪、积冰等状况。

（3）必须保证测试车辆载重在正常负荷范围内。

（4）必须保证测试车辆已完成自动驾驶寻迹测试以及 77 GHz 毫米波雷达、16 线激光雷达、超声波雷达系统的调试、标定和测试。

（5）必须保证测试车辆处于正常状态，例如胎压符合测试车辆正常标准、整车电量充足、整车无影响测试的故障等。

（6）测试过程中车内必须一直有测试人员，以保证测试过程中的安全。

（7）测试人员进入车辆前，必须戴好防护头盔、护肘、护膝等安全护具。

（8）测试人员进入车辆后，必须首先系好安全带。

（9）正常测试过程中，测试人员不得干预测试；特殊情况下，测试人员必须及时控制车辆，停止测试。

（10）测试过程中，不得出现测试以外人员或其他多余车辆，测试相关人员不得随意走动。

（11）避免在严重影响车辆差分定位信号的区域进行测试，如高楼大厦密集的区域、有严重电磁干扰的区域、隧道及山区。

（12）急停开关须处于已关闭状态。

四、任务实施

参照以下操作步骤进行前车制动测试技能训练。

（1）将测试车辆人工驾驶至设置的测试起点位置，调整测试车辆起始位置，使其和即将行驶的方向保持一致，然后回正转向盘。将整车打到 ON 挡，然后将自动驾驶系统电源打到 ON 挡。	（2）打开"整车综合测试系统"，单击"配置寻迹地图"中"选取寻迹地图路径"的"选择"按钮，进入"选择寻迹路径"界面，选取前车制动测试地图后，单击"Open"按钮。
	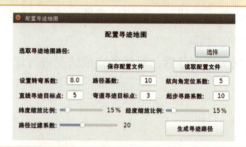

（3）依照"二、自动紧急制动（AEB）相关参数配置"，配置好相关参数后，必须进行至少三次测试。按照"前车制动测试记录表"，在测试前记录相关配置参数，并记录测试车辆与目标车辆都制动后测试车辆与目标车辆间的距离，如下表所示。

前车制动测试记录表

测试次数	左前点坐标（横 /m，纵 /m）	右后点坐标（横 /m，纵 /m）	设置期望直行车速 /（km·h⁻¹）	制动系数	测试车辆与目标车辆间的距离 /m
1					
2					
3					
4					
5					
6					
7					
8					
9					

（4）在自动驾驶功能栏中选择"自动紧急制动（AEB）"，并确定急停开关是否已关闭（警示灯为绿灯显示时，代表关闭状态），然后选择"开始"选项，确定目标车辆与测试车辆在同一直线上，且目标车辆与测试起点距离≥5 m后，按下遥控器上的"A"键开始测试，目标车辆同时启动。当目标车辆以大于测试车辆的速度，在测试车辆行驶路径内行驶距离＞30 m后进行制动。

遥控器按键含义如下：

A 键：启动车辆自动驾驶模式；

B 键：暂停车辆自动驾驶模式；

C 键：为预留按键；

D 键：退出车辆自动驾驶模式。

（5）若连续三次测试中，测试车辆与目标车辆都制动后，测试车辆与目标车辆间的距离均大于1 m，则测试成功。

若不满足，则测试失败，这说明问题可能出现在：

①计算平台。

②自动驾驶软件或其相关配置。

③底盘线控系统：线控驱动系统、液压式线控制动系统。

④感知系统：组合导航系统、77 GHz毫米波雷达、16线激光雷达、超声波雷达系统。

（6）测试成功后，关闭自动驾驶软件，测试结束。

五、任务评价

完成实训任务后，对任务完成情况进行评价。

任务三　交通信号灯识别（TLR）测试

 任务目标

◇ 了解交通信号灯识别（TLR）测试场景设计方法；

◇ 掌握交通信号灯识别（TLR）测试地图创建及相关参数配置方法；

◇ 掌握交通信号灯识别（TLR）测试过程需要的步骤及注意事项；

◇ 掌握交通信号灯识别（TLR）测试成功条件。

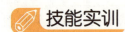 技能实训

一、交通信号灯识别（TLR）测试场景设计

交通信号灯识别（TLR）测试的目的：测试改装后的车辆在整个自动驾驶过程中，正前方遇到处于识别范围内的交通信号灯时，是否能成功触发交通信号灯识别（TLR）功能，并对红绿灯采取相应动作。

测试场景须保证空旷平坦，测试场景内主要包括直道、测试车辆、交通信号灯等，具体需求如表4-4所示。

表4-4　交通信号灯识别（TLR）测试场景

测试道路	车道宽	设置测试起点和红灯停车线	设置交通信号灯
直道长度 ≥ 30 m	3~5 m	（1）用宽度 ≥ 0.05 m的标记线，设置测试起点； （2）红灯停车线为横线，长度 ≥ 1 m，宽度 ≥ 0.05 m，且与测试起点直线距离 ≥ 10 m	交通信号灯设置在与红灯停车线直线距离为10 m，且视觉传感器能识别到它，但不影响测试车辆直行行驶经过它的位置

二、交通信号灯识别（TLR）相关参数配置

4-7 工作页："交通信号灯识别（TLR）相关参数配置"工作页

一、任务准备

（1）操作设备：测试车辆（巴哈赛车）。

（2）人员分工：组长1名，记录人员1名，检验人员1名，操作人员若干。以上人选角色可通过选举、抓阄及老师指定等方式来担任，通过多个任务的训练，争取让每个学生轮流担任每个角色，以提升学生自身综合能力。

（3）实训场地：交通信号灯识别（TLR）测试场景。

二、任务实施

交通信号灯识别（TLR）相关参数配置
（1）将整车打到ON挡，然后将自动驾驶系统电源打到ON挡。整个过程必须保证整车电量充足。

（2）打开自动驾驶软件，选择"整车综合测试系统"，单击"配置寻迹地图"中"选取寻迹地图路径"的"选择"按钮，进入"选择寻迹路径"界面，选取提前录制的交通信号灯识别（TLR）测试地图后，单击"Open"按钮。

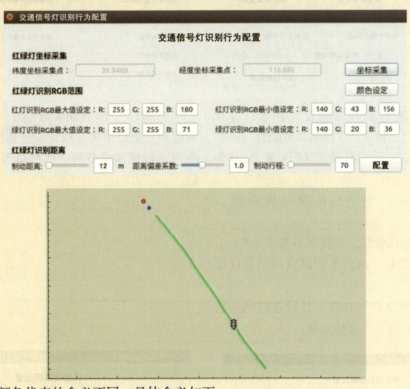

交通信号灯识别（TLR）测试地图创建要求：在交通信号灯识别（TLR）测试场景内，测试人员驾驶测试车辆从测试起点，以车速 5 km/h 直行行驶，进行地图录制。当途经交通信号灯附近时，需要停车，开启视觉传感器，然后查看视觉传感器可视化界面，若识别到交通信号灯，则在"自动驾驶决策系统"选择"交通信号灯识别行为配置"，单击"红绿灯坐标采集"进行交通信号灯位置采集，采集完成后继续行驶，行驶至超过交通信号灯一段距离后制动，完成地图录制。

注意：录制地图时，车速越快，地图路径点数越分散；车速越慢，地图路径点数越密集。所以建议录制地图时的车速在 5 km/h 左右。

在地图中每个颜色代表的含义不同，具体含义如下：
①绿色：路径点在直道行驶路径上。
②红色：地图上测试车辆当前的位置及自动驾驶时行驶路线。
③蓝色：地图上测试车辆行行驶的目标点，红色将会跟随蓝色行驶。
④紫色：地图的测试终点位置。
⑤交通信号灯：单目视觉传感器识别出的交通信号灯的经、纬度坐标。

（3）返回"配置寻迹地图"界面，对选取的交通信号灯识别（TLR）测试地图进行配置。

"直线寻迹目标点"：本测试建议设置范围为4~10；

"弯道寻迹目标点"：本测试建议设置范围为3~8；

"纬度缩放比例"：本测试建议根据实际道路情况进行配置；

"经度缩放比例"：本测试建议根据实际道路情况进行配置；

其余参数保持默认状态，本测试不建议更改。

单击"生成寻迹路径"按钮，生成寻迹地图，并确定本测试应用当前已设置的各项参数。

单击"保存配置文件"按钮，将设置好的参数配置进行保存，以便下次直接读取。

（4）关闭"配置寻迹地图"界面，打开"底盘线控系统"，选择"车辆行驶参数配置"。

"设置期望直行车速"：本测试建议设置范围为5.0~10.0；

"设置期望转弯车速"：本测试建议设置范围为3.0~6.0；

"设置刹车临界值"：本测试建议设置范围为0.0~1.0；

"紧急制动行程值"：本测试建议设置范围为50~80；

其余参数保持默认状态，本测试不建议更改。

单击"配置"按钮，确定本测试应用当前已设置的各项参数。

单击"保存配置文件"按钮，将设置好的参数配置进行保存，以便下次直接读取。

（5）关闭"车辆行驶参数配置"界面，打开"底盘线控系统"，选择"PID控制参数配置"。

"控制系数Kp"：本测试建议设置范围为4.0~7.0；

"控制常数Cp"：本测试建议设置范围为-3.0~3.0；

其余参数保持默认状态，本测试不建议更改。

单击"配置"按钮，确定本测试应用当前已设置的各项参数。

单击"保存配置文件"按钮，将设置好的参数配置进行保存，以便下次直接读取。

（6）关闭"PID控制参数配置"界面，打开"环境感知系统"中的"视觉传感器配置"，选择对应的视觉传感器设备号，然后单击"开启识别"按钮。

（7）关闭"视觉传感器配置"界面，打开"自动驾驶决策系统"，选择"交通信号灯识别行为配置"。

"红灯识别 RGB 最大值设定"：每项设置范围为 0~255，本测试建议设置为 255、255、180，但也可根据实际道路光线照射方向及照射强度进行配置；

"红灯识别 RGB 最小值设定"：每项设置范围为 0~255，本测试建议设置为 140、43、156，但也可根据实际道路光线照射方向及照射强度进行配置；

"绿灯识别 RGB 最大值设定"：每项设置范围为 0~255，本测试建议设置为 255、255、71，但也可根据实际道路光线照射方向及照射强度进行配置；

"绿灯识别 RGB 最小值设定"：每项设置范围为 0~255，本测试建议设置为 140、20、36，但也可根据实际道路光线照射方向及照射强度进行配置；

"制动距离"：根据交通信号灯位置与红灯停车线间实际的直线距离为 10 m，且测试车辆制动后会产生滑行距离（车速不同，滑行距离不同），所以本测试建议设置为 12；

"距离偏差系数"：本测试建议设置范围为 0.1~2.0；

"制动行程"：本测试建议设置范围为 70~100；

单击"配置"按钮，确定本测试应用当前已设置的各项参数。

三、任务评价

完成实训任务后，对任务完成情况进行评价。

三、交通信号灯识别（TLR）测试

4-8 工作页："交通信号灯识别（TLR）测试"工作页

一、任务准备

（1）操作设备：测试车辆（巴哈赛车）和交通信号灯。

（2）工具/仪器：计时器。

（3）人员分工：组长 1 名，记录人员 1 名，检验人员 1 名，测试人员若干。以上人选角色可通过选举、抓阄及老师指定等方式来担任，通过多个任务的训练，争取让每个学生轮流担任每个角色，以提升学生自身综合能力。

（4）实训场地：交通信号灯识别（TLR）测试场景。

二、需要进行交通信号灯识别（TLR）测试的情况

（1）整车改装后。

（2）安装全新计算平台后。

（3）更换单目视觉传感器后。

三、测试注意事项

（1）禁止恶劣天气时进行路测，例如雨、雪、冰雹、雾等天气。

（2）路测时必须保证测试场地路面水平整洁且附着力良好，没有斜坡、杂物、雨雪、积冰等状况。

（3）必须保证测试车辆载重在正常负荷范围内。

（4）必须保证测试车辆已完成自动驾驶寻迹测试以及单目视觉传感器的调试和测试。

（5）必须保证测试车辆处于正常状态，例如胎压符合测试车辆正常标准、整车电量充足、整车无影响测试的故障等。

（6）测试过程中车内必须一直有测试人员，以保证测试过程中的安全。

（7）测试人员进入车辆前，必须戴好防护头盔、护肘、护膝等安全护具。

（8）测试人员进入车辆后，必须首先系好安全带。

（9）正常测试过程中，测试人员不得干预测试；特殊情况下，测试人员必须及时控制车辆，停止测试。

（10）测试过程中，不得出现测试以外人员或障碍物，测试相关人员不得随意走动。

（11）避免在严重影响车辆差分定位信号的区域进行测试，如高楼大厦密集的区域、有严重电磁干扰的区域、隧道及山区。

（12）急停开关必须处于已关闭状态。

四、任务实施

参照以下操作步骤进行交通信号灯识别（TLR）测试技能训练。

（1）将测试车辆人工驾驶至设置的测试起点位置，调整测试车辆起始位置，使其和即将行驶的方向保持一致，然后回正转向盘。将整车打到 ON 挡，然后将自动驾驶系统电源打到 ON 挡。	（2）打开自动驾驶软件，选择"整车综合测试系统"，单击"配置寻迹地图"中"选取寻迹地图路径"的"选择"按钮，进入"选择寻迹路径"界面，选取交通信号灯识别（TLR）测试地图后，单击"Open"按钮。
	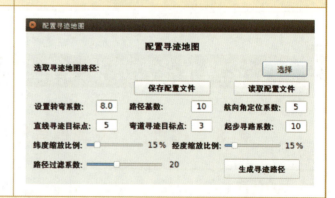

（3）依照"二、交通信号灯识别（TLR）相关参数配置"配置好相关参数后，必须进行至少三次测试。按照"交通信号灯识别（TLR）测试记录表"，在测试前记录相关配置参数，并记录"红灯期间测试车辆是否越过红灯停止线"和"绿灯后测试车辆启动时间"情况，如下表所示。

交通信号灯识别（TLR）测试记录表

测试次数	红灯 RGB（最大值，最小值）	绿灯 RGB（最大值，最小值）	制动距离	距离偏差系数	制动行程	红灯期间测试车辆是否越过红灯停止线	绿灯后测试车辆启动时间
1							
2							
3							
4							
5							
6							
7							
8							
9							

（4）在自动驾驶功能栏中选择"交通信号灯识别（TLR）"，并确定急停开关是否已关闭（警示灯为绿灯显示时，代表关闭状态），然后选择"开始"选项，按下遥控器上的"A"键开始测试，在测试开始时，交通信号灯设置为红灯状态，当测试车辆识别到红灯并停稳后，将交通信号灯转换为绿灯状态。

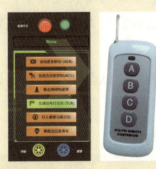

遥控器按键含义如下：

A 键：启动车辆自动驾驶模式；

B 键：暂停车辆自动驾驶模式；

C 键：为预留按键；

D 键：退出车辆自动驾驶模式。

（5）必须同时满足以下条件，才算测试成功；任何一项不满足，则代表测试失败。

①连续三次测试中，测试车辆均在交通信号灯显示红灯期间停车等待，且不越过红灯停止线。

②连续三次测试中，当交通信号灯由红灯变为绿灯后，"绿灯后测试车辆启动时间"均 ≤ 5 s。

若测试失败，说明问题可能出现在：

①计算平台。

②自动驾驶软件或其相关配置。

③底盘线控系统：线控驱动系统、液压式线控制动系统。

④感知系统：组合导航系统、单目视觉传感器。

（6）测试成功后，关闭自动驾驶软件，测试结束。

五、任务评价

完成实训任务后，对任务完成情况进行评价。

任务四　行人横穿马路识别测试

✎ 任务目标

◇ 了解行人横穿马路识别测试场景设计方法；

◇ 掌握行人横穿马路识别测试地图创建及相关参数配置方法；

◇ 掌握行人横穿马路识别测试过程需要的步骤及注意事项；

◇ 掌握行人横穿马路识别测试成功条件。

✎ 技能实训

一、行人横穿马路识别测试场景设计

　　行人横穿马路识别测试的目的：测试改装后的车辆在整个自动驾驶过程中，正前方遇到处于识别范围内的碰撞测试用人体仿真模型时，是否能成功触发行人横穿马路识别功能，避免碰撞产生。

　　测试场景必须保证空旷平坦，测试场景内主要包括直道、测试车辆、碰撞测试用人体仿真模型、横穿轨迹等，具体需求如表4-5所示。

表4-5　行人横穿马路识别测试场景

测试道路	车道宽	设置测试起点和横穿轨迹	相关设置
直道长度 ≥ 25 m	3~5 m	（1）用宽度 ≥ 0.05 m 的标记线，设置测试起点； （2）在测试起点直线距离 ≥ 20 m 处，设置碰撞测试用人体仿真模型的横穿轨迹	（1）距离横穿轨迹 5 m 处，设置提示线，其宽度 ≥ 0.05 m； （2）碰撞测试用人体仿真模型高度 ≥ 1.6 m，须配套可滑动底盘； （3）测试车辆经过提示线时，仿真模型开始沿横穿轨迹移动

二、行人横穿马路识别相关参数配置

4-9 工作页："行人横穿马路识别相关参数配置"工作页

一、任务准备

（1）操作设备：测试车辆（巴哈赛车）。

（2）人员分工：组长1名，记录人员1名，检验人员1名，操作人员若干。以上人选角色可通过选举、抓阄及老师指定等方式来担任，通过多个任务的训练，争取让每个学生轮流担任每个角色，以提升学生自身综合能力。

（3）实训场地：行人横穿马路识别测试场景。

二、任务实施

行人横穿马路识别相关参数配置

（1）将整车打到ON挡，然后将自动驾驶系统电源打到ON挡。整个过程必须保证整车电量充足。

（2）打开自动驾驶软件，选择"整车综合测试系统"，单击"配置寻迹地图"中"选取寻迹地图路径"的"选择"按钮，进入"选择寻迹路径"界面，选取提前录制的行人横穿马路识别测试地图后，单击"Open"按钮。

行人横穿马路识别测试地图创建要求：测试人员驾驶测试车辆以5 km/h速度进行直行行驶，录制从行人横穿马路识别测试场景测试起点，行驶至超过碰撞测试用人体仿真模型横穿轨迹一段距离的地图。

注意：录制地图时，车速越快，地图路径点数越分散；车速越慢，地图路径点数越密集。所以建议录制地图时的车速在5 km/h左右。

配置寻迹地图

配置寻迹地图

选取寻迹地图路径： 选择

保存配置文件 读取配置文件

设置转弯系数：8.0 路径基数：10 航向角定位系数：5

直线寻迹目标点：5 弯道寻迹目标点：3 起步寻路系数：10

纬度缩放比例：15% 经度缩放比例：15%

路径过滤系数：20 生成寻迹路径

（3）返回"配置寻迹地图"界面，对选取的行人横穿马路识别测试地图进行配置。

"直线寻迹目标点"：本测试建议设置范围为4~10；

"弯道寻迹目标点"：本测试建议设置范围为3~8；

"纬度缩放比例"：本测试建议根据实际道路情况进行配置；

"经度缩放比例"：本测试建议根据实际道路情况进行配置；

其余参数保持默认状态，本测试不建议更改。

单击"生成寻迹路径"按钮，生成寻迹地图，并确定本测试应用当前已设置的各项参数。

单击"保存配置文件"按钮，将设置好的参数配置进行保存，以便下次直接读取。

（4）关闭"配置寻迹地图"界面，打开"底盘线控系统"，选择"车辆行驶参数配置"。

"设置期望直行车速"：本测试建议设置范围为5.0~10.0；

"设置期望转弯车速"：本测试建议设置范围为3.0~6.0；

"设置刹车临界值"：本测试建议设置范围为0.0~1.0；

"紧急制动行程值"：本测试建议设置范围为50~80；

其余参数保持默认状态，本测试不建议更改。

单击"配置"按钮，确定本测试应用当前已设置的各项参数。

单击"保存配置文件"按钮，将设置好的参数配置进行保存，以便下次直接读取。

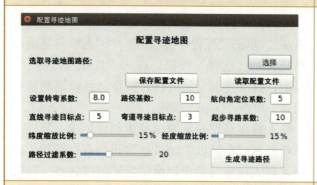

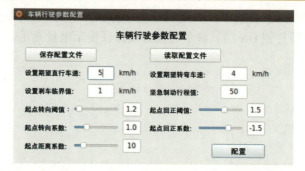

（5）关闭"车辆行驶参数配置"界面，打开"底盘线控系统"，选择"PID控制参数配置"。

"控制系数Kp"：本测试建议设置范围为4.0~7.0；

"控制常数Cp"：本测试建议设置范围为–3.0~3.0；

其余参数保持默认状态，本测试不建议更改。

单击"配置"按钮，确定本测试应用当前已设置的各项参数。

单击"保存配置文件"按钮，将设置好的参数配置进行保存，以便下次直接读取。

（6）关闭"PID控制参数配置"界面，打开"环境感知系统"中的"视觉传感器配置"界面，选择对应的视觉传感器设备号，然后单击"开启识别"按钮。

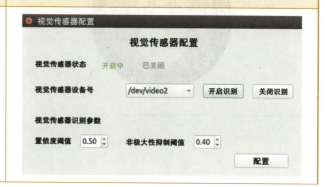

（7）关闭"视觉传感器配置"界面，打开"自动驾驶决策系统"界面，选择"行人横穿马路识别行为配置"。

"人像占据百分比"：本测试建议设置范围为 15%~20%。

"制动行程"：本测试建议设置范围为 70%~100%。

单击"配置"按钮，确定本测试应用当前已设置的各项参数。

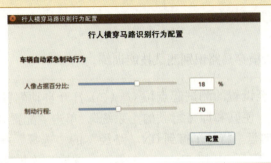

三、任务评价

完成实训任务后，对任务完成情况进行评价。

三、行人横穿马路识别测试

4-10 工作页："行人横穿马路识别测试"工作页

一、任务准备

（1）操作设备：测试车辆（巴哈赛车）和碰撞测试用人体仿真模型。

（2）工具 / 仪器：卷尺。

（3）人员分工：组长 1 名，记录人员 1 名，检验人员 1 名，测试人员若干。以上人选角色可通过选举、抓阄及老师指定等方式来担任，通过多个任务的训练，争取让每个学生轮流担任每个角色，以提升学生自身综合能力。

（4）实训场地：行人横穿马路识别测试场景。

二、需要进行行人横穿马路识别测试的情况

（1）整车改装后。

（2）安装全新计算平台后。

（3）更换单目视觉传感器后。

三、行人横穿马路识别测试注意事项

（1）禁止恶劣天气时进行路测，例如雨、雪、冰雹、雾等天气。

（2）路测时必须保证测试场地路面水平整洁且附着力良好，没有斜坡、杂物、雨雪、积冰等状况。

（3）必须保证测试车辆载重在正常负荷范围内。

（4）必须保证测试车辆已完成自动驾驶寻迹测试以及单目视觉传感器的调试和测试。

（5）必须保证测试车辆处于正常状态，例如胎压符合测试车辆正常标准、整车电量充足、整车无影响测试的故障等。

（6）测试过程中车内必须一直有测试人员，以保证测试过程中的安全。

（7）测试人员进入车辆前，必须戴好防护头盔、护肘、护膝等安全护具。

（8）测试人员进入车辆后，必须首先系好安全带。

（9）正常测试过程中，测试人员不得干预测试；特殊情况下，测试人员必须及时控制车辆，停止测试。

（10）测试过程中，不得出现测试以外人员或障碍物，测试相关人员不得随意走动。

（11）避免在严重影响车辆差分定位信号的区域进行测试，如高楼大厦密集的区域、有严重电磁干扰的区域、隧道及山区。

（12）急停开关必须处于已关闭状态。

四、任务实施

参照以下操作步骤进行行人横穿马路识别测试技能训练。

（1）将测试车辆人工驾驶至设置的测试起点位置，调整测试车辆起始位置，使其和即将行驶的方向保持一致，然后回正转向盘。将整车打到 ON 挡，然后将自动驾驶系统电源打到 ON 挡。

（2）打开自动驾驶软件，选择"整车综合测试系统"，单击"配置寻迹地图"中"选取寻迹地图路径"的"选择"按钮，进入"选择寻迹路径"界面，选取行人横穿马路识别测试地图后，单击"Open"按钮。

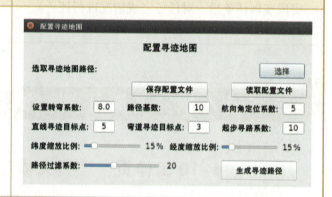

（3）依照"二、行人横穿马路识别相关参数配置"配置好相关参数后，必须进行至少三次测试。按照"行人横穿马路识别测试记录表"，在测试前记录相关配置参数，并记录碰撞测试用人体仿真模型沿横穿轨迹移动时，测试车辆与碰撞测试用人体仿真模型是否发生碰撞，如下表所示。

行人横穿马路识别测试记录表

测试次数	设置期望直行车速/（km·h⁻¹）	人像占据百分比/%	制动行程	测试车辆与碰撞测试用人体仿真模型是否发生碰撞
1				
2				
3				
4				
5				
6				
7				
8				
9				

（4）在自动驾驶功能栏中选择"行人横穿马路识别"，并确定急停开关是否已关闭（警示灯为绿灯显示时，代表关闭状态），然后选择"开始"选项，按下遥控器上的"A"键开始测试。测试车辆经过提示线时，碰撞测试用人体仿真模型开始沿横穿轨迹移动。

遥控器按键含义如下：

A 键：启动车辆自动驾驶模式；

B 键：暂停车辆自动驾驶模式；

C 键：为预留按键；

D 键：退出车辆自动驾驶模式。

（5）若连续三次测试中，碰撞测试用人体仿真模型沿横穿轨迹移动时，测试车辆与仿真模型均没有发生碰撞，则测试成功。

若不满足，则测试失败，这说明问题可能出现在：

①计算平台。

②自动驾驶软件或其相关配置。

③底盘线控系统：线控驱动系统、液压式线控制动系统。

④感知系统：组合导航系统、单目视觉传感器。

（6）测试成功后，关闭自动驾驶软件，测试结束。

五、任务评价

完成实训任务后，对任务完成情况进行评价。

参考文献

［1］李妙然，邹德伟．智能网联汽车技术概论［M］．北京：机械工业出版社，2019．

［2］李东兵，杨连福．智能网联汽车底盘线控系统装调与检修［M］．北京：机械工业出版社，2021．

［3］中国汽车工程协会．节能与新能源技术路线图2.0［M］．北京：机械工业出版社，2020．

［4］孙逢春，林程．电动汽车工程手册 第一卷 纯电动汽车整车设计［M］．北京：机械工业出版社，2019．

［5］孙逢春，李克强．电动汽车工程手册 第六卷 智能网联［M］．北京：机械工业出版社，2019．

［6］孙逢春，吴志新．电动汽车工程手册 第十卷 标准与法规［M］．北京：机械工业出版社，2019．

［7］GB/T 40429—2021，汽车驾驶自动化分级［S］．

［8］GB/T 39263—2020，道路车辆 先进驾驶辅助系统（ADAS）术语及定义［S］．

［9］GB/T 19596—2017，电动汽车术语［S］．

［10］GB/T 35360—2017，汽车转向系统术语和定义［S］．

［11］GB 17675—2021，汽车转向系 基本要求［S］．

［12］GB 34660—2017，道路车辆 电磁兼容性要求和试验方法［S］．

［13］GB/T 28046.2—2019，道路车辆 电气及电子设备的环境条件和试验 第2部分：电气负荷［S］．

［14］GB/T 41798—2022，智能网联汽车 自动驾驶功能场地试验方法及要求［S］．